品成

阅读经典 品味成长

风中的厂长 著

生意的本质

财富与幸福的
成长法则

人民邮电出版社
北京

图书在版编目（CIP）数据

生意的本质 / 风中的厂长著 . -- 北京 ：人民邮电
出版社，2024.8 -- ISBN 978-7-115-64947-8

Ⅰ . F241.4

中国国家版本馆 CIP 数据核字第 2024LC1817 号

◆ 著 风中的厂长
责任编辑 刘 浩
责任印制 陈 犇

◆ 人民邮电出版社出版发行 北京市丰台区成寿寺路 11 号
邮编 100164 电子邮件 315@ptpress.com.cn
网址 https://www.ptpress.com.cn
文畅阁印刷有限公司印刷

◆ 开本：880×1230 1/32
印张：7.75 2024 年 8 月第 1 版
字数：141 千字 2024 年 8 月河北第 1 次印刷

定价：59.80 元

读者服务热线：（010）81055671 印装质量热线：（010）81055316
反盗版热线：（010）81055315
广告经营许可证：京东市监广登字 20170147 号

非常感谢我的朋友写书哥，让我有这个机会出版这本书。

我长期从事外贸和电商的工作，实战经验比较丰富，后来通过自媒体长期输出一些关于做生意的想法，在互联网上积累了很多粉丝，其中大多数是中小企业主，他们对我的内容非常认可。我非常荣幸能在写书哥这位专业出版人的帮助下，把自己的实战经验通过本书系统地分享给大家。书中有些表达比较口语化，也希望各位读者多多包涵。

先和大家说说我的经历，我本科毕业后短暂地从事过影视编辑的工作，后来进入鞋类外贸公司，因为比较爱钻研，大学期间也积累了一些互联网运营经验，我帮助公司取得了不错的业绩。后来，由于公司合作的工厂经常不配合，我的老板和我合股开了鞋厂。

当时的我缺乏经验，工厂差点倒闭。2008 年国际金融危机期间，原材料价格大起大落，我抓住了一次机会，赚到了"第一桶金",才让工厂活了下来。后来,我慢慢培养出了一支精干的外贸销售团队,工贸一体,逐渐把外贸生意做到了一定规模,在行业里小有名气。

身在杭州这座城市,不入局电商行业是不可能的,加上我自己有工厂的优势,在被代运营公司"割了几次韭菜"之后,我不得不下决心亲自运营。2012年10月,我将公司的产品做到了子类目的第一名,并把这个成绩保持到了2018年年初。

我在做外贸销售工作的时候,开发了300多个外国客户,拥有比较丰富的销售经验。做电商业务时也是身在一线做运营,无论做数据分析还是营销推广,我都有一套自己的方法。我特别擅长视觉营销,以及打造"爆款产品"。在我的鞋厂因不可抗力被关闭以后,我失去了产品的优势,开始转行自媒体以及生鲜电商领域,跟上了短视频和"内容电商"的浪潮,到目前为止,也算小有成绩。

我自认为是一名连续创业并且在各个领域都取得了一些成绩的人。我深感现在的商业竞争越来越激烈,市场瞬息万变,商业模式迭代也很快,如果只是追求所谓"红利期",盲目跟风,是根本追不上市场潮流的。另外,如果一成不变,寄希望于"吃老本",也是不现实的。所以我认为,作为一名创业者,必须要搞懂生意的本质,摸清规律,才能拨开重重迷雾,走上属于自己的那条创业之路。

　　本书不仅总结了我关于成功的经验，更多的是分享了我走过的弯路，以及经历过的那些失败和教训。希望广大创业者都能少走弯路，多赚钱，同时对社会有所贡献！感谢大家！

CONTENTS | 目录

第三部分
成长篇

创业篇

第一部分

初涉商海，
如何开启一项
新的事业？

掌握生意场上的
核心原则，
就能降低风险，
避免"踩坑"。

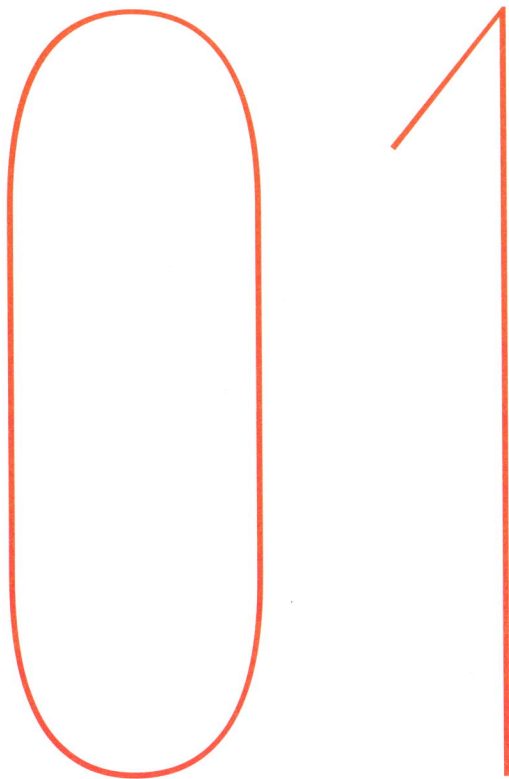

新手创业

创业的首要任务，
是改变自己原有的认知。

先具备创业思维，
再开展实际业务。

第 1 章

决定成败的 5 个因素

　　在过去的十几年里，我在生意场上接触了大量的人，分析了上千位创业者的案例。我发现决定一个人能否创业成功的因素主要有 5 个：个人、环境、平台、团队和合作伙伴，以及长期渠道。

　　第一，要正确认识自己。我把创业者分为以下几类，根据自身特点选择合适的赛道，创业才会事半功倍。

- 销售型：业务能力强，适合与人打交道。
- 运营型：适合各种互联网运营类工作，喜欢和数据打交道，善于分析市场和趋势。
- 创作型：适合从事自媒体和新媒体行业，能充分发挥自己的天赋和特长。
- 表现型：表演欲望特别强，自来熟，段子多，现实生活中可能没有他们的舞台，但是他们特别适合成为互联网达人、主播。

- 产品型：喜欢钻研产品或者工艺配方，适合与销售型的人成为搭档。

- 领导型：善于组织他人去执行具体任务，善于整合以上各类人才为自己所用。

第二，环境是创业成功的重要因素。创业者身处的城市和社交圈，都会直接影响其创业成功的概率。所谓"近水楼台先得月"，每个城市都有自己独特的风格和资源结构，这一点必须优先考虑。比如，杭州有服装行业和小商贩群体；深圳有数码电子行业；义乌有海量小商品商家，有小件包裹的物流优势；一些地区盛产具有地方特色的农产品、海产品等。我国有无数特色产业链以及批发市场。我认识一位老板，他五十多岁，家住杭州勾庄冻品批发市场附近，在机缘巧合下，他在拼多多开了一家小店卖牛肉，自己从批发市场进货、切割，由于进价便宜，他走"低价跑量"路线，一年的销售额能达到 1.5 亿元。

除此之外，社交圈也很重要，你与什么人交往密切，决定了你获得的信息的质量。虽然一个人的社交圈有限，但互联网可以让我们更容易找到志同道合的人，获取海量的高质量信息。

第三，平台的选择对于普通人来说也是至关重要的。抓住时代的红利、选对平台，是创业成功的关键。例如，2009 年的淘宝、2010 年的微博和微信、2016 年的拼多多、2017 年的跨境电商以及 2019 年的抖音，都是充满机遇的。我在 2009 年带领团队全力投入阿里巴巴旗下的平台，我们的销售额很快就增长了 5 倍。

第四，团队和合作伙伴也是成功的关键因素。优秀的团队和合作伙伴能够为创业提供强大的支持。在寻找共同创业的合作伙伴时，要找价值观一致、能力互补的人。在带领团队时，要有明确的目标和分工，保持高效的沟通和协作。

这么多年来，我的公司也来来去去了不少人，我发现每个人的特点是不一样的，顺应各自的特点去做事，才能更好地发挥各自的能力。我总结了一个"LFF 模型"，把人分成三种类型：领导者（Leader），战斗员（Fighter）和跟随者（Follower）。

领导者的业务能力不一定是最强的，但他们很有想法，比较善于管理和调动他人；战斗员喜欢做业务，像打仗一样从业绩中获得快乐，但不一定适合领导他人。我曾经把一位销售冠军提升为销售主管，但她出现了各种不适应的状况，最后发现自己还是喜欢做销售。与之相反，如果一位战斗员同时能具备领导能力，那么这个人早晚能成为公司的管理者。

至于跟随者，他们本身就习惯于接受指令做事情，很少会有自己的想法。跟随者在公司里也很重要，因为有想法的人毕竟是少数，大多数人的任务是执行，再厉害的想法和创意，也需要有人准确无误地执行。如果大家都只发表自己的想法却不将其落地，那整个公司就乱套了。

第五，建立长期渠道是确保创业成功的长远之计。搭建良好的渠道网络，建立稳固的客户关系，可以为企业的持续发展提供保障。同时，只有不断优化和拓展渠道，才能适应市场的变化和消费者需求的发展。

决定发展的两个关键

如果让我再次创业，我会重点考虑两个关键因素：市场容量和消费频率。

许多普通人创业时，由于资金有限，往往会选择开一家实体店。但无论选择哪种创业方式，都需要重视上述这两个因素。

以开实体店为例，我们可以发现两种极端的情况。

1. 在小区楼下开一家小超市

在这种模式下，顾客的消费频率很高，但市场容量较小，因为顾客主要是小区内的居民。

2. 在大型购物中心开设一家服装店

虽然服装品类商品的消费频率相对较低，但购物中心吸引了大量顾客，因此这类店的市场容量很大，覆盖了整个区域及周边的人口。

虽然这些道理并不难理解，但仍然有人选择在小区里开服装店。事实上，这样不仅市场容量小，而且顾客的消费频率也较低。我以前住在杭州的一个大型小区，小区楼下的商铺曾经开过好几家服装店，但大多数后来都关门了。

只有同时把握好市场容量和消费频率这两个因素，才能确保创业获得成功。

要熟知行业的盈利模型

创业新手和创业老手的区别到底在哪里？我认为一个重要的标准就是是否具有模型思维。

其实不管我们做什么，都要先分析一下整体模型，做生意的核心就是做模型。下面以工厂的盈利模型和贸易公司的盈利模型为例，分别加以说明。

1. 工厂的盈利模型

某工厂一年产量为 100 万件，平均销售单价为 50 元，产值为 5000 万元。其中原材料费用为 2500 万元，辅料费用为 800 万元，工资费用为 300 万元，管理费用为 200 万元，水电费用为 150 万元，房租为 150 万元，税费为 150 万元，营销费用为 100 万元，设备维护和折旧费为 100 万元，杂费为 50 万元，因此净利润为 500 万元，利润率是 10%。这时候你需要考虑这 10% 够不够应付各种意外风险和市场变化。

2. 贸易公司的盈利模型

假设一家 20 人的贸易公司，其年销售额为 5000 万元。通常的毛利率（即销售价减去出厂价和报关运输费用）为 15%，即毛利为 750 万元。

你需要计算这些毛利是否足够覆盖员工工资（假设人均年薪为 15 万元，那么工资费用为 300 万元）、营销费用（假设是 100 万元）以及提成（假设是 50 万元）。此外，办公室租金也需要考虑在内（假设是 50 万元），那么最后的净利润是 250 万元。所以一般来说，传统外贸公司最终能剩下 5% 的净利润，这是由市场决定的。

3. 电商的盈利模型

当你看到某家电商店铺里成本 50 元的商品售价是 100 元，心里应该马上想到以下数据：毛利率是销售额的 50%，减去推广费（约占销售额的 18%）、物流费（约占销售额的 3%）、人员成本（约占销售额的 5%）、平台扣费（约占销售额的 5.5%）、退换损耗（约占销售额的 5%）、仓储费（约占销售额的 2%）、办公杂费（约占销售额的 1.5%），最后净利润大约是销售额的 10%。

跨境电商也有其特定的计算方式。通常先计算毛利，即销售价减去出厂价、头程费用、佣金、广告费、配送费和仓储费。正常情况下，如果毛利率能达到 20% 以上，那么扣除工资和办公成本后，一般就能得到正的净利润。

我之所以能够同时涉足很多领域，运营不同类型的公司，是因为我提前熟知了该行业的盈利模型。用模型思维来开启创业生涯，可以让我们对所在的领域有更深入的认识，也能对盈利情况有一个大致的预估。

比商业模式更重要的是合伙人

有句老话说得好，众人拾柴火焰高。如果你有能力方面的短板，也没有雄厚的资金实力，建议你找一个或多个合适的合伙人。而在选择合伙人时，最好优先考虑资金宽裕，心态上不急于求成的人，因为大多数人的心态会因为盈亏产生巨大变化，"兄弟式合伙，仇人式散伙"的情况很普遍。

以下是一些合伙创业的注意事项。

1. 股权明晰： 要确保每个人的股权份额明确，并在工商部门备案。避免模糊不清的股权分配引起日后的纠纷。

2. 分工明确： 合伙人之间最好能形成职能上的互补，例如，某人负责管理，某人负责销售，某人负责公关等。如果有人只出资但不参与实际工作，应在初期就明确说明。

3. 把丑话说在前面： 在创业初期，你们要把可能出现的问题和困难都讨论清楚，明确各方的权利和义务，以免日后因为关系好而不好意思谈钱。

4. 明确控股问题： 一定要有一个人持有 51% 以上的股权，以确保有人在经营决策中有最终的话语权。

5. 制定明确的分红和退出机制： 要制定明确的分红策略，包括分红的时机和方式。同时，要有合理的退出机制，明确在什么情况下合伙人可以退出，以及退出后的权益分配。

6. 选择合适的合伙人： 在选择合伙人时，首先要考虑的因素是对方的人品。因为与不诚实的人共事可能会导致公司受损。其次，合伙人的性格也是重要的考量因素，合伙人之间的性格矛盾可能会影响团队的和谐氛围与效率。选择合适的合伙人是创业成功的关键之一，我们要综合考虑多方面的因素，确保与和自己志同道合、能够共同成长的人一起共事。

选择风投还是白手起家

我是从一穷二白开始创业的，算是白手起家。后来开厂，一点点扩大规模。缺工人我就自己顶上，缺发货人员我也自己顶上。早期的供应商和客户都是我一点点跑业务开拓的，从一条生产线发展到了两条。慢慢地，我坐飞机出差的机会也多了起来。机场里都有书店，店里的宣传屏幕上常常放着一些青年才俊的演讲，有两本杂志特别吸引我，就是《创业家》和《创业邦》。毕竟我也是创业者，看名字觉得很有共鸣。不过买来一看，这里面所写的创业者的故事，却和我想象中的完全不同。别人的创业，让我感觉那才叫"高大上"。他们大多带着"金光闪闪"的履历，创业初期就有资本助力。

有投资人的创业和我这种白手起家的创业有许多不同。很早以前，我就发现一种现象，不少公司创始人的营销推广都声势浩大，在宣传中他们履历光鲜，手握巨额投资，很是气派。每当看到这一个个生动的案例，听到青年才俊们激情澎湃的演讲，我深感自己与他们有巨大差距。那时，我认为他们才是真正的创业者，而我只是在瞎折腾。然而，许多年过去了，那些曾经风光无限的青年才俊创办的企业，许多都倒下了。相反，我身边的"土老板们"，十个里面有七八个都把生意经营得很好。当然他们中也有经营不下去的，但多半是因为做了与主业不相关的业务。

对于有投资人的创业者，他们的公司可能在短短一年内就成功上市，即使市场竞争激烈，公司短时间内无法上市或经营亏损，也能多坚持一段时间，因为有其背后投资人的支持。而没有投资人的创业者只能一切靠自己，他们把事业当成自己的孩子，一点点做大。他们赚取的是微薄的利润，投入的也是自己赚来的真金白银，他们在市场竞争中会经历更激烈的优胜劣汰，但他们为社会创造了就业机会，为国家贡献了税收和外汇，很值得敬佩。

长期发展的前提：合法合规经营

在经营鞋厂的经历中，我深刻体会到了合规经营的重要性。合规成本主要分为对内成本和对外成本两部分。

对内成本主要是为了遵守各种安全生产规范而付出的成本。

我们需要定期参加政府组织的安全生产培训，依法纳税和为员工缴纳社保，确保工厂的各项操作符合规定。在环保方面，我们始终认真对待并通过了环评"三同时"。此外，许多工厂的消防通道被堵塞，存在很大的安全隐患，但我们为了确保工厂的安全，会格外注重消防要求的达标。

对外成本主要是为了应对外部的检查和验厂而付出的成本。以外贸为主，企业每年需要应对几次严格的验厂，包括对产品进行各种物理、化学测试。这些测试包括检测材料是否环保、鞋子的物理性能是否达标以及各种其他测试，例如耐磨、防滑、黏合强度测试等。

尊重法律、合法合规经营对于企业的长期发展至关重要。尽管这可能会增加企业的运营成本，但遵守法律和行业标准将有助于企业树立良好的形象，赢得客户的信任和支持，同时也有助于保护员工和消费者的权益。

持续盈利的核心：双向吸引

要实现持续盈利，有一个必须掌握的重要法则：双向吸引。双向吸引就是企业在经营的过程中，不仅要吸引和留住顾客，还要吸引和留住供应商。

只讨好用户而怠慢供应商的方式是不可取的。在生意场上，有些大客户可能会利用自己在行业中的地位，将采购价格压到最低，导致供应商感到不满和无奈。这种"客大欺店"的做法虽然在短期内能使企业获得收益，但长期来看，会破坏企业与供应商的关系，导致供应链不稳定，甚至会影响到企业的声誉。

另外，只重视自身利益而忽视顾客需求的经营方式也是不可持续的。有些企业仗着自己的产品质量好或店铺规模大，对顾客态度傲慢，这种"店大欺客"的行为会让顾客感到不满，造成客户流失。

自媒体平台的运营也同样适用于这个法则。平台可以通过建立正反馈机制激励创作者去创作优质内容，以吸引更多的用户。创作者的投入产出比是决定平台生命力的关键因素。如果平台能够为创作者提供合理的回报，他们就会更愿意创作优质的内容，从而吸引更多的用户。

从这个角度来看，在腾讯的业务中，微信朋友圈是其主要运营的社交平台，但如果腾讯不能推出能在用户体验和娱乐性上能够与抖音等短视频平台竞争的社交平台，可能就会逐渐被淘汰，因此腾讯后来开发了微信视频号。

淘宝早期的成功之处在于，让消费者买到满意商品的同时，也为商家提供了良好及相对公平的销售环境。这种双赢的模式是企业实现持续盈利的关键之一。

新技术创造新岗位

网上有一个热议话题：为什么现在人们去 KTV 的次数普遍更少了？其实一方面是因为其他好玩的娱乐项目更多了；另一方面，如果你想配合伴奏唱歌，在家打开手机软件就可以实现，还能自由选择唱多久。如果你在线上开一个直播间唱歌，不仅不用花钱，还能开通"打赏"功能，有机会由此创造收入。

随着技术的发展，社会的产业结构发生了巨大的变化。外卖行业和物流行业的发展、互联网直播的兴起，让数千万人从工厂到城市，成为外卖员、快递员或主播。而人工智能技术的发展，在提高人们办公效率的同时，也在自动化、信息安全、物联网等领域创造了更多新岗位。

网络平台让每个人都有创作的机会，我认为未来内容创作会全面细分化，每个领域和满足每一种精神需求的内容都会有专门的创作者。甚至每个人都将有两个身份：一个是现实中的身份，另一个是网络中的身份。这两个身份同等重要。前者在现实生活中工作和生活，后者在网络上从云端中创收，二者都能创造价值并获得收益。此外，个人 IP 会变得越来越重要。现在市场上商品的种类足够丰富，消费者面临纷繁复杂的选择，这使得他们更愿意听取该领域意见领袖的建议，以避免踩坑。

在未来，也许人工智能将替代大量人工，因此"真实的""手工制造的"商品可能会更受欢迎，传统手艺的传承和发展也越发珍贵。此外我认为，虽然网上交友越来越方便，但人们对于线下互动的需求并不会减少，甚至会有所增加。技术缩短了人与人在空间上的距离，未来将有更多的居家办公和"云合作"模式出现，给每个人留出更多的线下生活的时间和空间。

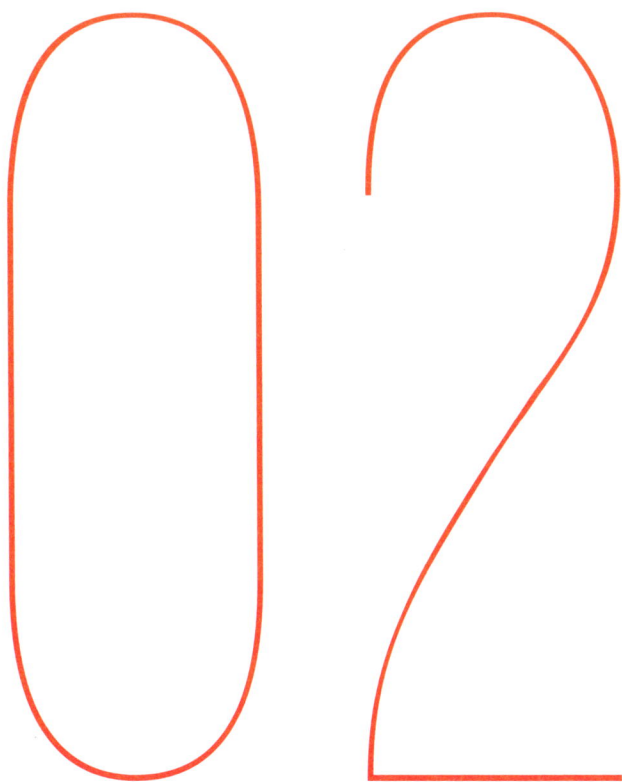

02

创业进阶

第 2 章

掌握实际业务中的要点，

关注企业盈利和
持续发展的秘诀。

什么人更容易实现盈利

有一些缺乏经验的创业新人，他们看了自媒体平台的许多所谓"一夜暴富""快速起号"的创业故事，于是把创业想象得特别简单，但他们只看到了成功者表面的光鲜，却没看到那些人背后的根基和努力。

其实那些"成功实现盈利"的人，主要是以下几种类型。

1. 抓住了行业的红利期。行业红利期的特点是消费者需求激增，而行业内的竞争者数量相对较少。例如，有些人在快手平台上直播自己与他人的聊天，吸引了大量粉丝，从而获得了可观的收益。

2. 具备灵活的头脑。这类人通常能够快速学习和适应新环境，快速掌握行业知识和技能，从零基础的新人迅速成长为高手。在电商和跨境电商领域中这样的人很多。他们敢于踏足新的领域，寻找商机，但他们也需要警惕由探索捷径而产生的浮躁心态。

3. **具有"厂二代"的优势**。这类人通常有开厂、办企业的家庭背景和资源支持，能够投入大量的资金进行创业的尝试。虽然他们可能会经历一些挫折和失败，但他们有足够的资金和资源来应对，同时也有更多的机会获得成功。

4. **付出了辛勤努力**。有些创业新人依靠自己的辛勤努力实现了盈利。他们通常是在工作上投入了大量的时间和精力，自己承担多项工作。虽然他们可能会赚到一些钱，但考虑到他们所付出的辛勤努力和时间成本，这可以说就是一份"辛苦钱"。

此外，所有创业成功的人都有一个容易被人忽略的共同特点——"基本功"扎实，也就是具备基础的商业思维、销售能力、市场分析能力、电商运营能力和趋势判断能力，这是他们在创业之前就在打工中积累下来的，他们的成功绝不是只靠运气那么简单。所以我建议所有创业者在创业之前，先通过打工积累一定的"基本功"，这是必需的。

判断项目的好坏：前期靠测试，后期靠复制

做电商不能太相信自己的感觉，而是要相信数据，通过不断测试数据，找到最优的方案，并在此基础上不断复制、不断优化。

从前，在我经营淘宝店铺的时候，"主图点击率为王"，通过海量测试图片，我发现用摄影师拍摄的高清晰度的精美产品图片，就是不如用手机拍摄的低清晰度的图片点击率高。

店铺上新之前，我们也会海量测试商品款式，根据消费者收藏、加购物车的数据筛选出最优商品，再进行批量生产。而如果你有一万人以上的粉丝群，也可以组织粉丝投票来选出最优产品。

这段时间我在做视频带货，起初我的公司里没有厨房，所以我的视频里只用了一个纯黑的幕布作为背景。我的几位朋友都说，我不应该用这样的背景。后来我换了一个录视频的场地，换到一间别墅里，视频里有了真实的厨房背景，但这样录出来的视频，数据反倒不如用黑背景的那些。可见这些测试是非常必要的。

接下来，当有一个项目跑通了，市场还没完全饱和的时候，想要实现快速增长，就要学会复制。

作为阿里国际站的老会员，2010年至2013年，我在这个平台上一直专注于经营一个店铺。后来我参加了"阿里橙功营"，去学习深圳同行的经营模式。我结识了一位运营了十几个阿里国际站店铺的老板，而他的同行大多还不了解阿里国际站。通过有效的运营，他让公司的产品在阿里平台的搜索排名中牢牢占据了前十名。

那次经历让我意识到可复制性的重要性。回到公司后，我组建了一个团队，将我运营我的首个阿里国际站店铺的经验传授给他们，通过这种方法，我们成功地"复制"了 3 个阿里国际站店铺和 5 个 1688 平台店铺，公司的外贸业绩增长了好几倍。随后，我们又开设了 7 个天猫店铺，并按照相同的方式进行运营，电商业务也取得了显著增长。再后来，我们在跨境电商领域也是靠这个方法，牢牢锁定了产品类目排名中的强势地位。

总的来说就是一句话：在"内卷"之前快速占领市场。

小厂的优势

船小好调头，根据我过去的经验，以制鞋行业为例，尽管这个领域竞争激烈，但小型企业仍然能够获得可观的利润。近年来，这个行业中的小型工厂经营状况普遍良好，而大型工厂则不尽如人意。许多十年前风光无限的大型工厂已经倒闭，还有更多的正面临倒闭的困境。这是因为鞋类产品是非标准化的，鞋厂会受到仓储管理、制作工艺等多种因素的影响。随着规模的扩大，利润率往往会降低，除非专注于打造知名品牌。

按照年产量来划分，产量在 300 万双以下的制鞋厂属于小型工厂，产量在 300 万 ~ 1000 万双的为中型工厂，而产量在

1000 万双以上的则为大型工厂。

　　浙江省的制鞋业以小型工厂为主导，年产量在百万双左右，它们通常能够盈利，这些工厂老板的年收入可以达到百万元以上。目前杭州几乎没有大型鞋厂，温州和台州倒是有一些，但由于原材料价格的暴涨，一些外贸型工厂的生意虽然不错，利润率却出现了下滑。福建地区曾经有许多运动鞋的大型生产基地，而现在那里的大多数大型工厂已经倒闭，许多中小型工厂也进行了转型，专注于开发与设计。

　　因此，对于一些特定行业来说，做精、做专比一味地扩张规模更加有利。这也是小型工厂在某些情况下更具竞争优势的原因。

自建工厂的重要性

　　如果你的公司没有自己的厂房，而是选择租用厂房进行生产，那么可能会面临许多限制和挑战。我曾有过在临安经营工厂的经验，也曾有过收购土地和自建厂房的机会，但遗憾错失。之后，我一直想要购买一间属于自己公司的厂房，但因为年轻和经验不足，这个愿望一直未能实现，而厂房的房租则从每年几十万元逐年上涨到每年 200 多万元，这给公司带来了巨大的经济压力。

如今，像样的工业用地或带厂房的土地的使用权，起价已经达到每亩 200 万元，并且还有产业方面的要求——传统行业相对而言并不受欢迎，高新科技产业则更受青睐。尽管高新科技产业在二级市场的负面消息不少，但发展科技的社会总体趋势不会改变。我认识一些投资人，他们普遍看好这一领域的前景。

我后来将工厂迁移到了浙江省衢州市某个县城的工业区，继续租用厂房维持生产。尽管生产规模有所缩小，但这样的安排应该还能持续几年。然而，那里也涌入了许多来自杭州的企业，导致房租不断上涨，工厂的经营成本也进一步增加。

因此，对于想要长期发展的创业者来说，自建厂房是非常重要的。这样可以降低成本、确保稳定生产并避免租金过多上涨的风险。为了确保持续增长和发展，稳固基础至关重要。

大众商品与小众商品哪个毛利更高

我做外贸鞋类业务，通常情况下，我们公司每一双出口价十几美元的鞋，退税后利润只有 5 ~ 7 元人民币，利润是非常薄的。

　　我曾遇到过一个公司经营利润极高的法国客户。起初，我还是个行业新人，当他把他们公司的样品寄给我时，我有些迷惑。那是一款大码高跟鞋，造型很特别，我完全想象不出该如何穿着它。后来我才得知，这款商品是在欧洲潮流网站上销售给男性的。

　　我找到工厂询价，得知每双鞋的成本是 60 元。由于每个订单只有几百双，数量较少，并且工厂需要开模，这个报价已经相当高。出于惯性思维，我担心会因报价太高而吓跑客户。但经过一番纠结，我还是以单价 30 美元给他报了价。令我惊喜的是，对方非常爽快地答应了。我算了一下，每双鞋我都能赚到一百多元的利润。

　　后来，我访问了他们公司的网站，发现每双鞋的售价都高于 200 欧元。尽管这类产品的市场定位是小众群体，规模不大，但后来我与这位法国客户一直保持着稳定的合作关系。

　　这使我认识到，虽然大众市场涉及的产品品类更广泛，但小众商品往往具有更高的利润空间。对于创业者而言，找到独特的市场定位并满足特定群体的需求，往往能够获得更高的收益。

为什么工厂不愿意接小额订单

许多工厂不愿意接受小额订单，主要原因有以下几点。

第一，生产所需的原材料，如布料等难以获得。由于订单量小，布厂可能不愿意出售，或者需要额外收取费用。

第二，生产所需辅料成本太高。对于一些小的辅料，如果订单量只有几百个，制作商家还需要制版、打样和确认，这无疑增加了工作量和成本。

第三，即使是小额订单，也需要花费与大额订单一样的精力去处理相同的流程。在生产方面，工厂需要理解标准化生产的概念。工厂的利润主要来源于高效率。即使产品价格再高，如果效率低，也无法实现盈利。一个小额订单可能只有几百件的订货量，但工人需要不断调整和适应，这导致隐性成本大幅增加，其单件成本可能比几万件的大额订单的单件成本高出几倍。

我所在的工厂起初将起订量定为 2000 件，为了更好地满足越来越多跨境电商卖家的需求，后来将其改为了 500 件，即便如此，对于小额订单，每件产品的价格也比正常订单高出 10元。然而，有些客户并不理解这一点，他们可能会与业务员争论，甚至认为工厂虚报价格。实际上，工厂也有自己的苦衷。

生意场上的失信者

在生意场上遇到的失信人员一般可以分为两类。一类是故意欠钱的人，他们往往处心积虑地欺骗别人，让人防不胜防。我年轻时缺乏经验，曾经几次上当受骗。有一次，一个来自宁波的人坐着一辆奔驰 S500 来到我的工厂，他的司机西装革履，看上去也非常气派。他本人一开口就谈及几亿元的订单，让我这个小型工厂的负责人感到震惊。由于被他的阵仗迷惑，我给了他一定的账期，后来他却欠了我 60 多万元。

另一类失信人员则是因为企业经营不善或遇到困难而无法按时还款的人。这类人通常不是故意欠钱，而是因为各种原因导致无法按时还款。例如，我曾经有一个写字楼租户，他一开始做小额金融业务，后来转型做培训。然而，他的公司先盈利后亏损，最终资不抵债。因此，在租房时，我会特别注意租户的行业背景。对于小额金融、培训和直播等高风险行业，我会谨慎考虑是否租给他们。相反，我更喜欢租给发展稳定的租户，如传统行业的公司，他们通常能够按时缴纳租金。

如何避免被欠款

基于我个人的开厂经历，在这里与大家分享一些关于如何避免被欠款的经验。

1. 对于内销生意，最好的方法是款到发货。这样可以有效避免被欠款。

2. 留意回款周期。如果欠款时间过长，对方可能会习惯性地拖欠款项，甚至认为这是理所当然的。在这种情况下，即使对方还钱，他们也可能会找各种借口将款项打折，你为了要到回款也无可奈何。

3. 在外贸企业中，很多小商品企业客户并不正规。这些企业不开发票，而是采用买单出口的方式，而且订单金额小、种类杂，经常需要修改。一个几万元的小额订单，可能需要付出比 100 万元的外贸正规订单还要高的劳动强度。而且往往这类客户，是欠款的"重灾区"。

4. 警惕把自己包装得十分高端和光鲜的客户，有些人会故意在你面前显露财富和实力，在赢得你的信任后拖欠货款。

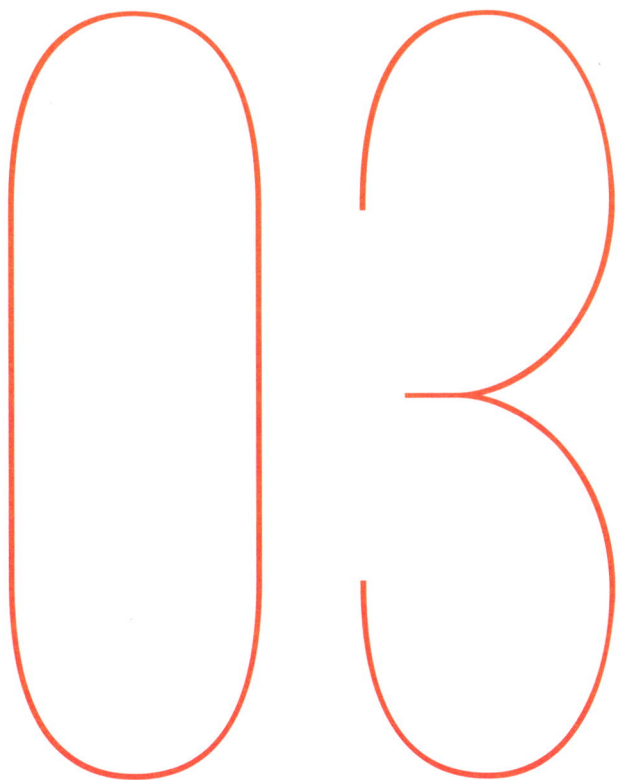

03

创业避险

了解在创业过程中
可能遇到的风险，

不轻信、不盲目、
独立思考、冷静决策。

第 3 章

打工是最好的创业

在我接触过的无数创业者中，90%的人是先从打工开始了解行业的，包括我自己。我们都是先靠打工来积累资金、客户、信息、技术、资源、渠道以及行业经验。哪怕是身处行业红利期，我也很少看到有人不打工就直接创业成功的例子。

有创业想法的人，在打工过程中会用一种企业经营者的角度去思考、发现机会、积累资源。举个例子，在我们外贸行业，有成千上万的中小外贸公司的老板都是业务员出身。他们都是在工作中先积累了客户和工厂资源，再自己出来创业。这样做虽然有点不地道，但这就是现状。

在电商行业，有许多运营出身的人，后来做了老板。他们都是依靠公司的平台，积累了自己创业所需要的资本和资源。当然，我个人建议是，等你完成了足够的积累，也可以想方设法成为老板的左膀右臂、副总，这样比创业要承受的风险要小很多。

如果没有合适的机会能够在平台积累创业经验，我个人认为，还有两种非常好的方式。第一种是摆地摊，通过摆地摊，你可以学习做生意的基本功，包括选址、选品、销售技巧、产品陈列、了解用户画像等等；第二种是做档口生意，比如，批发市场是资源密集的市场，在这里我认识了一位"95 后"开档口的姑娘，她能轻松地从整个批发市场调货，没有她搞不定的货，这段开档口经历一定是她未来创业的良好助力。

创业路上的常见陷阱

在创业过程中，一些人由于缺乏足够的经验和技能，容易受到欺骗或遭遇失败。他们往往只看到别人成功的表象，而不去深入分析背后的原因。这种盲目跟风的心态往往会带来失败的后果。此外，创业新人可能还会遇到诸多陷阱，下面我将基于个人经验与大家分享。

第一，一些创业者过于相信传闻和"秘籍"，认为创业可以轻松赚大钱。 这些人对商业一知半解，对财务报表不甚了解，只关注表面的利润数字。因此，在创业之前，你需要了解基本的财务报表知识，尤其是资产负债表、利润表和现金流量表。这些报表的结构对于任何企业都是相似的，无论是小型奶茶店还是大型上市公司。如果你连这些基本概念都没有搞清楚，那么你很可能被所谓的传闻或"秘籍"所骗，很快招致失败的后果。

第二，情怀式创业是不可取的。虽然很多经验丰富的企业家都说"任何行业都应该用互联网重做一遍"，但我们需要明白，成熟的企业家有足够的资本去做尝试，但对于创业新人来说，如果没有足够的行业经验和资源，仅凭热情去创业是很难成功的。

第三，创业不能盲目跟风。当你在某个领域看到机会时，很可能已经有无数的人看到了同样的机会。以前几年前的厨具行业为例，当时这个行业非常火爆，各地涌现出许多成功的企业。但事实上，当你发现一个商机时，这个领域可能已经是一片红海，竞争非常激烈。

有些网友认为自己家里有厂房，想借预制菜的风口开一家预制菜工厂。但是，预制菜并不是一个新兴行业，事实上，这个行业内的竞争已经非常激烈，行业利润也很低。"宅"文化的兴起和外卖行业的发展确实增加了预制菜的市场需求，但这并不意味着普通创业者就能在这个领域取得成功。实际上，这是一个资本密集型的行业，需要大量的资金和资源来支撑。对于普通创业者来说，如果想蹭预制菜的风口，通过自媒体营销或直播带货的方式可能更为合适，而不是轻易尝试开工厂。因为开工厂的风险非常大，一不小心就可能血本无归。

　　第四，创业新人在和工厂打交道时需要谨慎。很多工厂的起订量很高，这对于渠道成熟的企业来说可能不算什么，但对于初创企业来说，这意味着高昂的启动成本。因此，在创业初期，要慎重考虑与工厂的合作，尽量降低风险和成本。要知道，只有积累了足够的经验和资源后，我们才能更好地把握市场机会并避免不必要的损失。

　　第五，抵押房产创业须谨慎。抵押房产创业是一种风险较高的投资行为，我们需要谨慎考虑，并确保有足够的资金准备和应对措施。在发现势头不对时，及时止损是非常重要的，以免造成更大的损失。

用好运营思维，不做无用功

　　在互联网时代创业，无论你选择做电商还是做自媒体，无论你付出多大的努力，平台的系统并不会因为你的努力和情怀而赋予你更多的流量。如果你辛苦工作但最终只感动了自己，那么很可能是因为你没有运用运营思维来优化你的线上数据。

　　平台的系统只关注实打实的数据。对于电商平台来说，这包括点击率、转化率和标签；而对于短视频平台来说，关键的数据则是播放时长、完播率、互动率和收藏率。有些人能够轻松取得成功，是因为他们了解并运用运营思维来优化这些数据，甚至有些高手能够"欺骗"系统，用小的力量产生大的影响。

那些成功的、有影响力的自媒体，往往具有高度一致的风格，这样平台的系统就能够持续地将他们推送给较为精准的目标受众。

这就是为什么许多新人在刚刚踏足电商或自媒体领域时，大部分时间都在做无用功。他们可能非常努力，但他们没有意识到应该通过运营思维来优化自己的内容和数据，从而让平台的系统更好地为他们服务。

夫妻创业经

我身边有许多创业成功的夫妻档，但是他们也经常发生矛盾。

夫妻一起创业可以带来许多优势，如彼此的信任、默契和互补的性格等。然而，夫妻创业也存在一些挑战，如分工不明确、权力争夺和感情冲突等。关于夫妻创业如何避免出现一地鸡毛的局面，以下是一些建议。

1. **明确分工**。根据夫妻两人的性格和专长进行明确的分工。通常情况下，一方可能更适合负责销售和团队管理等工作，而另一方则更适合财务、后勤和产品开发等幕后工作。这种分工可以充分发挥各自的优点，提高工作效率。

2. **维护彼此的面子**。在公共场合，双方应该给彼此足够的面子。即使一方在某些决策上犯了错误，另一方也应该在私下提出建议而不是当众指责。这样可以维护对方的威信，也有助于维持夫妻间的和谐关系。

3. **相互信任与支持**。夫妻间应该充分信任并支持对方的工作，避免过多干涉对方所负责的工作。在工作中遇到问题时，应该给予对方足够的支持，而不是过多地干涉决策。

4. **设定共同目标**。确保夫妻两人的目标和愿景一致。这样双方才能在企业发展的过程中保持一致的方向和动力，减少分歧和矛盾。

5. **及时沟通与协商**。在夫妻共同创业中，及时沟通是非常重要的。双方应该经常交流彼此的工作状况、遇到的问题和解决方案。通过充分沟通，可以更好地理解对方的处境，增进彼此的默契和信任。

6. **财务管理透明**。对于财务问题的管理应该透明公开。要确保双方都对企业的财务状况有清晰的了解，并共同制定预算和决策。这样可以减少因财务问题产生的矛盾和猜疑。

7. **保持一定的独立性**。尽管夫妻创业有很多优势，但有时也可能因为工作和私人关系的混淆而产生问题。因此，保持一定的独立性和界限是很重要的。

被利益放大的人性弱点

《风吹半夏》是一部描绘中小企业在时代浪潮中生存和发展的电视剧。在观看这部剧的过程中，我对郭启东这个角色印象深刻。他是一个真实而生动的角色，他在生意场上的所作所为，实际上更像一些人的集合体。我在现实生活中也遇到过类似的人，所以我想和大家分享一下。

这些人的优点是聪明、善于思考，但同时也有缺点，比如人品欠佳、目光短浅、工于心计，常常聪明反被聪明误。你的身边是否也有这样的人？

1. **瞒天过海**。他们在你的公司里拿着高薪，却在背后开设同类企业进行竞争。例如，我曾经一手培养的技术骨干，就在江苏暗自复制了一个与我的工厂几乎一样的企业。当时他承诺春节后会回来工作，但实际上却趁机把厂里的人才都挖走了。

2. **中饱私囊**。我早期开的工厂是合伙制的，但合伙人却在我们持续亏损的情况下，每吨原材料都拿 500 元的回扣。当时我们的工厂亏损得几乎要倒闭了，他自己却赚得盆满钵满，甚至早早地收回了他的本金。最后，他毫不留恋地退出公司，将他的股份卖给了我，转身投资新工厂。

3. **急功近利**。有些人抑制不住自己的贪念，在赚到第一桶金后就想马上把生意做大，但越是这样越容易"翻车"，很多人最后变成失信人员，上了限制高消费人员名单。

4. **见利忘义**。这样的人看似很会社交，但是他们所有的社交都是假惺惺的，最喜欢攀附权贵，鄙视弱势群体，他们往往无法获得长远的发展。

做生意这件事，利益和矛盾交织，人性被放大，特别是在和以上这些人打交道时，我们会吃尽苦头。但时过境迁，现在我很感谢他们，他们留给我的教训是生动的一课。

把工厂搬到东南亚是否可行

把工厂搬到东南亚国家，并不像表面看起来那么简单。对于大企业而言，如果从事劳动密集型产业则可以考虑搬迁，这不仅能带动当地经济发展，还会受到当地政府的欢迎。然而，对于小企业而言，搬迁可能并不具备优势，甚至会遇到很多困难。我曾有几个客户在越南开设工厂，但没过几年就关闭了。

目前制造业存在两个趋势：一是低产值产业的转移，二是产业升级和机器替代人工。这就像水往低处流一样，是自然规律。然而，这并不意味着全产业链的优势会受到影响。相较于一些东南亚国家，我国在高等教育、工程师和技术方面具有全面领先的优势。工厂的选址，也要考虑中高端制造业能否取得进展，以及人工智能和机器人能否在各个领域得到应用。

不过，对于中小工厂来说，它们所面临的困境并不仅仅是订单被东南亚国家的竞争对手抢走。我的亲身经历表明，这与它们并没有直接关系，更多的是越来越多国内竞争者的出现。这些国内竞争者为了抢生意将价格越压越低。这是一个更复杂的问题，需要从多方面去考虑和解决。

究其原因，产能过剩是一个根本问题。国外的一些专家在呼吁解决这个问题，但他们应该先到工厂里去亲身体验一下。首先，我们要考虑的是成本问题。在国内，某外贸工厂更换一次包装，成本不到两千元，五个工人加班一天就可以完成。然而，在美国完成同样的工作，需要十个人工作一周，成本高达几千美元。此外，机器人在这种情况下也无法胜任。

产业链的形成需要几十年的时间，一旦被破坏，就会对整个系统产生连锁反应。因此，我们需要非常谨慎地考虑任何改变，以确保不会对整个产业造成不利影响。

配置保险的必要性

我经营工厂时，最担心的就是员工遭遇工伤事故。我曾多次收到员工的病危通知书，一次是员工拆除平台护栏的过程中，转身时不小心掉下去，结果后脑着地造成粉碎性骨折；另一次是员工在雨夜下班时骑电瓶车撞上了停在路边的卡车，造成了前额粉碎性骨折。幸运的是，他们经过抢救都康复了。最可怕的一次是一位股东开车跌落悬崖昏迷，我们的工厂位置偏僻，在盘山公路上，很难呼叫到紧急救援，幸好他被周围的村民及时发现。

除了这些严重的事故，一些小事故也会不断发生，比如模具砸到脚、打孔机打伤手指等，这些事故几乎每年都有。每次接到车间主任的电话，我都会感到十分紧张。

后来，我把鞋厂关了，只剩下了服装厂。原本以为服装厂只有几台缝纫机，应该比较安全，不会再发生工伤事故了，却还是出事了。有位员工在中午休息时间到亲戚家喝喜酒，回来的路上摔了一跤，左手骨头摔碎了，这也算是一起工伤事故。

因此，对于开工厂的人来说，一定要为员工购买足够的保险。宁波有一位供应商就遇到了下面的情况，两个工人出了车祸且肇事者逃逸。为了救治他们，公司花费了很多资金，导致他们的资金链都出了问题。由此可见，工厂保险对公司也是必不可少的保障。

与网络达人的合作

与从前的纯搜索时代不同，电商行业发展到今天，达人推荐产生的销量已经占据电商销量的半壁江山，很多品牌方通过达人带货做大做强。但是达人带货也有风险，比如存在某些机构虚构达人数据，向商家收取高额坑位费的情况。商家在与达人合作之前一定要仔细辨别。

此外，大多数网络达人不是生意人，存在商业经验不足的问题。达人账号或短视频一时的火爆，容易给商家造成假象，使得商家盲目备货导致商品滞销。

我认识一位开服装厂的网友，他与一位个性十足的网络达人有过合作。起初，这种合作只是尝试性质的，但没想到在他们的合作期内，这位达人的抖音账号突然走红，粉丝数量迅速增长了几十万。

看到这样的机遇，他们决定趁热打铁，加快了新品的上市速度，并开始筹备生产和订货事宜。当时，抖音的流量非常大，特别是直播和视频内容可以直接将流量引导到第三方店铺。一个拥有非常高点击量的视频能带来很多订单，很快商品就缺货了。

在单品卖火爆后，他们的工厂开始盲目备货。然而，由于没有足够的粉丝沉淀，加上缺货和补货过程中有大量退款和退货，等到产品生产完毕，热度已经过去，由此产生了大量的库存。这类商品的火爆属于爆发性消费类型，如果没有后续流量的支持，很容易造成商品滞销。

现在，他们厂里积压了几百万元的产品库存，而且这些产品的款式设计很小众，不太容易销售出去。工厂的资金周转面临着很大的困难。

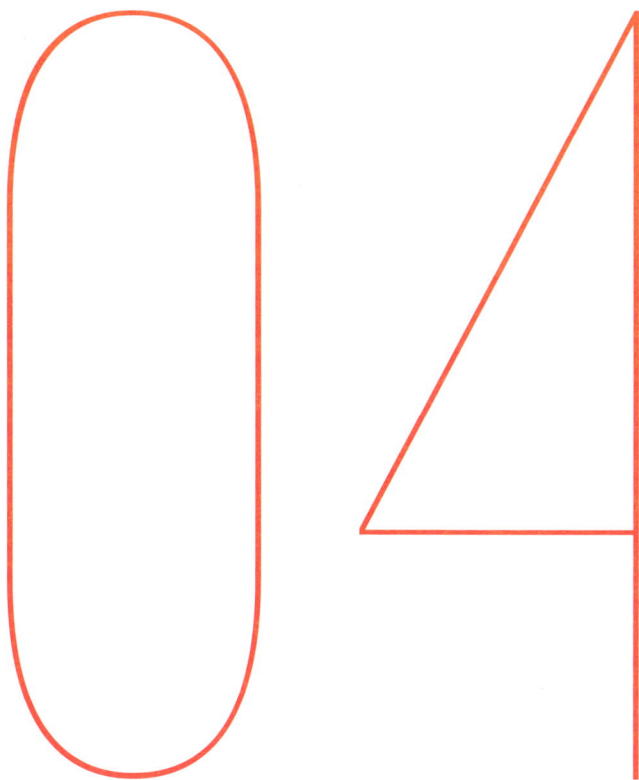

04

创业技巧

创业不仅是一门学问，
更是一门技术。

掌握基本技巧，
或许就能让你少走一些弯路。

第 4 章

选择创业方向

如果你是初次创业，以下这些建议可能会对你有所帮助。

第一，你应该深入了解自己。罗列你的经验、技能和资源，思考你在哪个领域有丰富的经验，你有什么特别擅长的技能，你是否能获取别人难以获得的资源等。创业的第一桶金一定不是盲目追随别人的成功路径得来的，只有充分发挥自己的优势，才能创造成功。

第二，基于第一步的分析结果，选择适合你的创业平台，并进行低成本试错。如果你擅长英语且有外贸或电商业务的经验，你可以尝试做跨境电商。如果你有工厂货源，你可以考虑开抖音直播或在拼多多等平台开店。低成本试错，就是避免一开始就大量地投资，如租店面、租办公室或大量囤货。在起步阶段，你可以采用小批量进货或一件代发的模式来运营。如果你想从事自媒体创作，你甚至都不需要急于组建团队，只需一部手机就可以开始了。

第三，要勇于探索独特的道路。 改进消费者尚未被解决的痛点可能会带来巨大的成功。观察那些针对成熟品牌的差评和投诉，你会发现很多商机都源于顾客的抱怨。例如，某款速食品牌改进了传统方便面中看不到牛肉粒的痛点，在调料包中增加了真材实料的牛肉块，大受欢迎。

持续盈利的前提是持续优化

在创业过程中，持续优化自身是实现盈利的关键策略。随着电商平台红利的消退和信息透明度的提高，各家商品的同质化现象越发严重。在创业初期，盈利的难度很大，这是很正常的情况。为了实现盈利，我们必须不断进行优化，逐步缩小与竞争对手的差距，甚至超越他们。

以在淘宝平台经营一家店铺为例。尽管竞争异常激烈，但作为一家店铺，仍有许多可以优化的环节。通过提高主图点击率、提升详情页转化率、加快发货速度、优化售后服务水平等方面的改进，我们可以不断提升用户体验，提高用户忠诚度。这些改进并不是遥不可及的，只需要用心去研究和尝试。

同样，自媒体内容也需要不断进行优化。一成不变的文章风格已经无法吸引读者的注意力。在自媒体内容繁多的今天，我们需要不断创新，将自我感动式的创作转变为更具互动性和吸引力的创作。图片和视频可以增加内容的丰富性，与粉丝互动也是至关重要的。

在这个信息爆炸的时代，优质内容层出不穷，一些博主因此感到焦虑，甚至选择通过抨击他人来吸引眼球。但实际上，他们应该静下心来，深入研究自己，发掘尚待优化的地方。例如，适当加入图片或视频，将自我感动式的创作转变为提出更具互动性的探讨式话题等。

我关注了一位拥有400万粉丝的短视频博主，从2018年至今，她的作品无论是内容还是表现形式，都有显著的进步。她紧跟时代步伐，持续进行自我优化和变革，因此一直保持很高的人气。她的成功并非偶然，而是她长期努力和不断优化的结果。

许多人错误地认为真正的盈利方法是高度隐秘的。但事实上，大部分实用的经验和知识都可以公开传播。那么，为什么仍然有人无法实现盈利呢？主要原因有两个。

第一，缺乏基础能力。许多人缺乏基本的商业常识、运营经验和审美能力，也不了解人性和市场规律。他们心浮气躁，缺乏耐心和专注力，就像新手司机上来就高速开车那样，容易对事情失去掌控。

第二，行动力不足。我记得有一位极具执行力和变通能力的网友，他在年初听了我对螺蛳粉相关产品的看法后，立即付诸实践。我卖螺蛳粉只赚了几万元，而他却赚了 30 万元。这位网友分享了他的行动过程，这充分说明了行动力的重要性。

财富四维增长法

在对待创业的态度上，不同年龄层的人群表现出明显的差异。"60 后"和"70 后"通常拥有稳定的职业，对从事兼职或副业持较为保守的态度，不愿意公开提及。"80 后"在这一点上虽然有所进步，但仍存在不愿公开的情况。例如，我公司中的一些老员工会在私下尝试做自媒体。

相比之下，"90 后"和"00 后"在谈论创业时展现出更加自信的态度。一位 99 年的女生应聘时，我问及她的特长，她毫不犹豫地回答："我的特长就是对拥有一番事业的渴望。"在当今社会中，越来越多的人追求"躺平"，而她却将创业视为值得骄傲的事，这很难得。

在电影《教父》中，有这样一句经典台词："一秒洞察事物本质的人，与半生都无法看清事物本质的人，命运自然截然不同。"作为一个普通人，我靠勤奋和不懈钻研，在 26 岁时实现了年入百万元的目标。这些年来，我的日常生活严谨有序，除了睡眠时间，我都在学习新知识，努力研究如何创造更多的财富。除了不断学习，关注新兴事物和把握时代机遇同样重要。

我早在 2007 年就加入了外贸行业，2012 年涉足电商领域，2017 年开始从事自媒体运营。近年来，我又开始运营短视频，因为我认为未来互联网 80% 的内容都将属于视频。

如何发现时代机遇？我认为，应关注发展早期受到大量批评和诟病的事物，大量的批评声音意味着高度的关注度，而关注度往往与机遇并存。以早期的淘宝、如今的拼多多和抖音等平台为例，在它们的发展初期，平台都处于野蛮生长的状态，其中孕育着无数的机遇。

最后，分享一套由我总结的普通人积累财富的有效方法——财富四维增长法。

1.本业：坚守自己的本业，并不断提升自己的专业技能和经验。

2.互联网：寻找与互联网相结合的行业机会，利用互联网的优势提升自己的竞争力。

3.固定资产投资：投资于核心城市的核心固定资产，以守护自己的财富。

4.适度风险投资：在风险可控的范围内进行适度投资，以寻求更高的收益。

小工厂的突围策略

　　许多小型工厂目前面临订单短缺的问题。就我自身的经验来看，传统的外贸订单量确实在减少，但我并不为此感到担忧。下面是我认为小工厂可以采取的几个策略。

　　首先，适当缩小经营规模。在目前的市场环境下，追求大规模经营的策略可能不再适用。由于各行各业都面临产能过剩的问题，做小而精的工厂反而更具优势。这样不仅能降低成本，还能提高工厂的灵活性和可控性。我们经常听到一些大型工厂因各种问题而倒闭，但很少听说小型工厂因缺少订单而倒闭，这正是由于小型工厂具有灵活性和可控性。

　　其次，建立自己的销售渠道。过去，许多小型工厂依赖贸易商进行内销或外贸。但现在，随着电商平台的发展，工厂可以直接与消费者建立联系。这种模式不仅有助于降低对贸易商的依赖，还能让工厂更加灵活地调整销售策略。

　　再次，多元化经营和注重创新也是突围的关键。通过不断开发新产品和拓展新的市场领域，小工厂可以在竞争激烈的市场中立足。同时，注重创新和品质，不断提升产品附加值，也是小工厂持续发展的关键。

　　最后，传统制造业的洗牌阶段已经到来，市场竞争格局日益呈现强者愈强、弱者愈弱的态势，过去单一的订单加工模式已经难以适应市场变化的需求，但把握住以下两个关键点，小工厂仍然有机会突破困境。

第一，实现跨界融合。小工厂可以与文创品牌、IP（知识产权）品牌、KOL（关键意见领袖）等进行合作，共同开发独特的产品，甚至开拓细分市场。这种跨界合作不仅可以带来新的创意和机遇，还可以扩大品牌的知名度和市场份额。

第二，跨越传统销售渠道。小工厂可以借助电商或自媒体平台，如拼多多等，直接面向消费者进行销售。这种直接销售的模式可以减少中间环节，降低成本，提高利润。同时，通过与消费者的直接互动，小工厂可以更好地了解市场需求和消费者反馈，进一步优化产品和服务。

这些策略虽然看似简单，但实际操作起来没那么简单。其中最大的挑战是改变人们的思维和观念。在传统制造业中，许多小工厂的经营者和管理者已经形成了固有的思维模式和经营方式。要想实现突破和发展，就需要敢于尝试新的思路和方法，不断学习和创新。

用商业模型提高工作效率

做生意就是做模型，模型不仅可以让生意变得可控，还便于复制。

连锁店的经营模式，是在一些对技术要求不高的行业中，公司构建一套有效的商业模型，通过这套模型培养具备一定经营能力的小企业主，开办分店并收取加盟费。这种方式为商业模型的成功复制提供了可能。

商业模型的构建涉及众多因素，包括产品、库存、地段选择和营销推广等。这些因素都有对应的计算公式，通过计算，可以预测出企业的盈利预期。前文分享的淘宝盈利基础模型，正是这一思想的体现。

在商业活动中，如果没有构建有效的模型，工作可能会变得繁忙而低效，甚至让人感到迷茫。此外，每个职位都应由专业的人员来担任。当每个团队成员都专注于自己的专业领域时，他们将发挥出更大的潜力。

用热爱激发原动力

我从事过鞋子外贸工作，在与外国客户的交往中，我经常告诉他们，我对制鞋行业充满了热爱，并愿意为之付出终身的努力。我深知，产品的热销关键在于经营者对产品的钻研和了解。我们必须比任何人都要更加了解自己的产品，才能赋予它独特的魅力和价值。

　　有些创业者只看重利益，对产品本身没有真正的热爱。比如，有些人看到别人开女装店取得了成功，便纷纷效仿和抄袭，但由于缺乏对女装的真挚热爱，他们的产品和经营往往缺乏灵魂和内涵，难以持续发展。一旦某一波潮流过去，企业便需要转向其他行业，重新开始。

理性对待风口

　　在"风口"概念的驱动下，许多人不禁走上了歧途。曾几何时，因为某些行业门槛较低，不专业的人也能在其中获得利润，如2010年电商行业的兴起。然而，这其实是一个充满不确定性的阶段。随着时间的推移，行业逐渐走向成熟，专业人士开始涌入市场，部分非专业人士也逐渐专业化。这个阶段是行业发展的关键期，标志着行业开始步入健康发展的轨道，也是行业繁荣的真正标志，如2014年后的电商领域。

　　然而，当专业人士也感到竞争压力时，这表明行业市场已经进入充分竞争的阶段。在这个阶段，竞争异常激烈，盈利也变得更加困难。当下的电商、传统制造业和外贸等行业正处于这一阶段。

　　与上述行业不同，短视频和直播目前仍处于行业发展的红利期，在这个阶段，商业模式和变现方式至关重要。只有找到合适的商业模式并有效地变现，才能在竞争激烈的市场中脱颖而出。

　　因此，对于创业者而言，不要过分追逐所谓的"风口"，而应该注重深入了解行业、提高自身专业素养、发掘市场机会、探索创新商业模式和寻找有效的变现方式。只有这样，才能在激烈的市场竞争中立于不败之地。

05

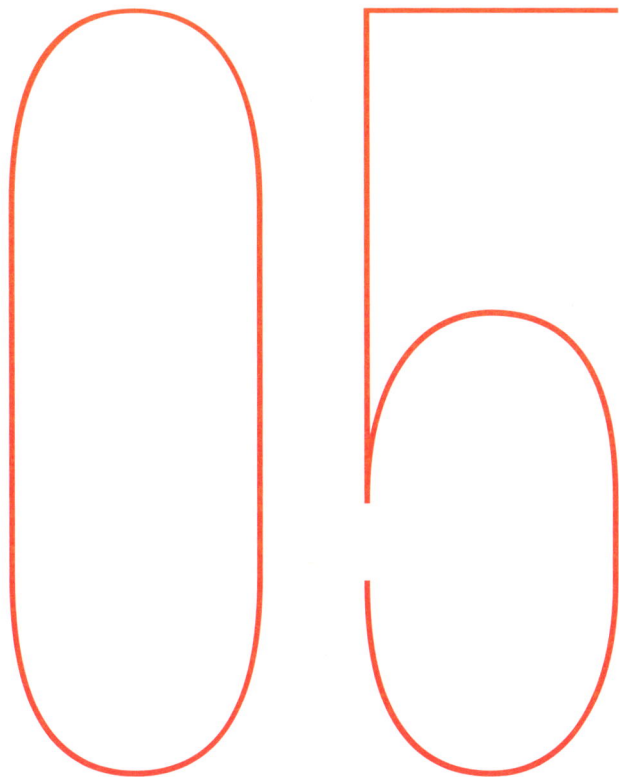

企业经营管理

创业不是一个人的独角戏，

如何用经营者的视角
去思考产品、生产和营销？

第 5 章

工厂发展的五个阶段

以我自己的公司为例，我认为工厂的发展可以分为五个阶段。

第一阶段，"地狱"模式。许多外贸公司往往是因为接到的订单量较小，而许多工厂不配合，于是决定自己开厂。然而，开厂后却会面临各种意想不到的困难。但熬过这一阶段后，你就会发现这个选择是正确的。有了自己的工厂，外贸公司的接单成功率会大大提高。

第二阶段，重点发展外贸业务。当时我的思路很清晰：做小工厂、大贸易，在阿里国际平台上认证成为生产企业，并注重商品界面的视觉效果和视频展示，吸引外国客户。这一阶段公司主要依靠拥有自建工厂这个身份做贸易，虽然工厂不盈利，但发展了很多外贸业务。

第三阶段，扩大规模。随着企业规模的扩大，需要引进人才。有了人才，企业就有发展的动力和希望。我的工厂在这个时期刚好遇到淘宝的风口期，因此内外贸一起做，企业规模迅速扩大。即使短期内不盈利，我们也可以通过内部调整来优化财务状况。

第四阶段，内部优化。随着企业规模的扩大，我们需要更加注重内部管理和优化。这包括提高生产效率、降低成本、加强质量控制等方面。只有做好内部管理，才能确保企业的长期稳定发展。

第五阶段，轻资产，化繁为简。很多企业在发展的过程中都会面临转型升级的问题。我自己的公司也面临过同样的问题。开实体工厂时，固定成本、人员成本等各种费用名目繁多。到了后期，我们公司转型升级，改变了经营模式，改为以自媒体为主要发展渠道的公司，大大减少了各种成本费用。轻资产的转型升级让公司真正实现了零库存、零厂房，并且没有大规模的厂房资金投入，也没有欠款。回归轻资产的贸易和电商之路，也让公司的盈利变得更多，一举两得。

新时代的供应链解密

我走访过一些服装工厂和供应链，对服饰行业有了更深入的了解。我发现，与某些容易形成头部化的行业不同，服装行业呈现出更为多元化的生态。许多大型服装企业近年来都面临库存积压的问题，价值数十亿元的库存压力让企业苦不堪言。而鞋类企业的情况更为严峻，许多大企业直接倒闭。

然而，在这个行业中，许多小而美的企业却活得十分"滋润"。这些企业有的原本依赖大客户生存，但在大客户遇到困境时，它们迅速调整策略，与网络达人合作或直接面向消费者，通过淘宝等平台进行销售。还有一些工厂选择走高性价比路线，利用拼多多、1688 等平台进行一件代发，或是通过直播等方式薄利多销。

与此同时，我发现许多大品牌在市场上的地位并不稳固。曾经的时尚巨头如衣恋、ONLY、阿依莲等都曾风靡一时，但如今已经逐渐失去了原来的市场地位。而像优衣库这样的品牌，其成功很大程度上依赖于基础款的大量生产，但未来市场的发展趋势仍充满不确定性，随着消费者需求的多样化，在未来的市场中，个性化产品将占有一席之地。

为什么工厂不盈利还要生产

有些订单对于工厂来说其实是不盈利的，那么为什么工厂不盈利还要生产呢？其中的原因是多方面的，下面以我自己的工厂为例进行说明。

第一，工厂所接的订单往往提前几个月甚至提前半年就已经确定，而在当时报价时，虽然会为可能出现的变化预留一定的余量，但难以精准预测市场变化。另外，如果过于谨慎导致报价过高或过低，还可能导致订单的流失。因此，即使订单的利润率不高，工厂仍会选择生产。

第二，工厂的运营成本是非常高的，其中包括房租、工资、办公费用等。如果工厂停止生产，这些成本和开销仍然需要支付，因此即使订单不盈利，订单的回款至少可以覆盖一部分基础成本，减轻工厂的负担。

第三，如果长时间不开工，可能会导致工人的流失，重新招聘和培训工人会耗费大量的时间和资源。因此，为了保持工人的稳定性和熟练度，工厂需要尽可能保持生产的连续性。

第四，通过不盈利的大订单来稳定生产，可以为工厂提供更多的空间和资源去承接高利润的小订单。在过去的几年中，我们公司就是依靠大订单来维持工厂的基本运营，同时通过在淘宝等渠道销售高利润的小订单来增加盈利。

第五，为了维护客户。获取新客户的成本是非常高的，而留住老客户可以降低获客成本并保持业务的稳定性。因此，即使某个订单不盈利甚至亏损，为了维护与客户的关系和信任，工厂仍可能选择接受订单并按时交货。

在我刚开始创业的时候，国际金融危机给公司运营带来了巨大的压力。在这样的背景下，有一个英国的大客户提供了十几万双鞋的订单，但目标价格非常低。尽管这个订单会让我们每双鞋亏损两元，但我选择接受这个订单。这个订单的预付金解了公司的燃眉之急，这时恰好原材料突然大幅降价，这笔订单转亏为盈，每双鞋盈利十几元，从而让公司保住了工厂的运营并赢得了客户的信任，最终为公司带来了更多的订单和业务机会。

只有深入用户中，才能了解产品需求

作为一位鞋类生产商，我曾经接过几次 vibram[①] 鞋底的外贸订单，也从中获得了一些经验。在分享这些经验时，我惊讶地发现有许多户外运动爱好者比我更加了解这个领域，他们给我科普了许多知识，让我受益匪浅。这也让我想到了跨境销售的情境。最近在与一些在亚马逊平台上开店的朋友交流时，他们表达了深深的焦虑，尤其是深圳的朋友们，他们提到市场竞争的内卷化已经相当严重，尽管他们自认为在亚马逊运营方面

---

① 意大利著名的橡胶生产厂商，其专门为鞋底设计的橡胶鞋底在世界各地广受认可。

技术一流，能够进行各种优化、促销、站内外引流，但仍然感到越来越辛苦。

这是因为亚马逊平台也已经从一个蓝海变成了竞争激烈的红海，想要像过去那样获得高收益已经不再可能。如果能够换一种思路，深入到用户中去，倾听他们的想法和需求，例如，在户外产品领域，去"驴友群"了解他们的痛点和需求，就会发现许多有待优化的细节。

我发现很多亚马逊的外国用户喜欢在商品评论区发布篇幅很长的评价，有的甚至上千字。这些评价其实很有价值，里面包含了顾客对该产品的认可、不满、以及期望，也代表了许多使用者的体验。建议从业者们多看看同行的产品评价，并从这些角度去优化自身的产品和服务，可能会有出其不意的效果。

此外，走进工厂，与企业主和业务员们交流，了解线下哪些产品好卖也是一个不错的途径。我们行业中有几个品牌在亚马逊上很难搜索到，但他们在线下市场表现优秀。这表明了解线下市场需求和趋势同样重要。

更重要的是，我们需要走到流水线上去，倾听老师傅们的经验和建议，而不是单纯地教他们应该怎么做。有时候，他们的建议可能会为我们提供意想不到的灵感和改进方向。

制造业必须有产品经理

在之前的一次交流中，我提到我们公司的产品经理，有人对此表示质疑：在制造业的小公司里，真的需要产品经理吗？产品经理难道不是大公司或互联网企业才有的职位吗？事实上，产品经理的存在是不分行业和规模的。自 1927 年宝洁公司设立第一个产品经理的职位以来，这一制度已在越来越多的行业中得到应用，并取得了显著的成效。

对于许多小企业来说，产品经理可能关乎企业的生死存亡。仅仅由身兼数职的小企业主来担任产品开发是不够的，必须有专人全身心地投入研究。如果研发人员不去深入了解市场真正需要什么，那么研发出来的产品可能只停留在低利润的代工或低档次的地摊货的水平，无法拥有品牌特殊性。

我们公司对产品经理的要求相对较高：需要在领域内有五年以上市场开发或外贸销售经验，具备良好的审美，了解流行趋势，熟悉国际一二三线品牌及其风格调性。此外，还要具备基础的设计能力。最重要的是，要对这份工作有浓厚的兴趣和热情，否则每天进行大量的市场调研和趋势分析会感到十分枯燥乏味。

尽管设计师并不难找，也有许多外包服务可以选择，但熟悉制造业、具备专业背景的产品经理却是非常稀缺的。产品经理的角色远不止是管理产品的生命周期，他们还是企业与市场之间的桥梁，可以帮助企业更好地理解市场需求，创造出真正符合消费者期望的产品。因此，对于制造业的小企业来说，拥有一个专业的产品经理不仅有助于提升产品质量和市场竞争力，更是企业持续发展的关键。

手把手教你推销工业品

有些工厂的产品不适合直接零售，例如机器设备、五金产品、面料辅料等产品。过去，这些工厂依赖老客户，但现在老客户的需求不再稳定，订单不足成了大问题。虽然我并不熟悉工业品销售，但我想分享一些身边的例子。

在广交会①上，经常有一些材料厂、纸箱厂、鞋垫厂的小企业主前来摊位。他们每年都来，但不参与交际应酬，只是把所有鞋厂的展位跑一遍，挨个去推销，然后就离开。这些小企业主看起来憨厚朴素，大多穿着不太合体的西装和沾满灰尘的皮鞋，背着背包或拖着箱子，操着乡音，笑容满面。

如果展位不忙，他们就会进来聊几句，留下一些样品，与

---

① 一般指中国进出口商品交易会。

人交换名片，回去之后他们会给那些名片上的人打几个电话。这样一来，订单自然而然就来了。尽管现在网络发达，人们懒得跑腿，觉得上微信里拉个群聊就足够了，但许多传统业务仍然需要面对面交流才能达到最高效率。

除了展会，这些小企业主去得最多的地方是义乌小商品城。偶尔我也会去他们的工厂拜访，虽然这些老板看起来很朴素，他们的收入其实很高。

传统的销售方式可能不如现代网络营销那么时髦，但它依然是一种非常有效的销售策略。通过亲自拜访、了解客户需求、提供样品和优质服务，这些小企业主建立了长期稳定的客户关系。他们的成功经验告诉我们，即使在现代商业环境中，传统的面对面交流仍然是一种不可替代的销售方式。

另外，还有一种最新的互联网"面对面"方式。一些企业会在抖音上建立一个企业账号，并进行抖音官方实名认证，由老板本人出镜，像面对客户介绍产品一样，拍摄产品的介绍视频，并且在文案中添加足够多的产品、行业关键词。视频发布之后，抖音系统会把这条视频智能推荐给相关用户，虽然视频走红的可能性不大，但只要推送足够精准，就有极大的概率被潜在客户刷到，或被搜索到。

工厂自营电商的优势与局限性

随着电子商务的迅猛发展，越来越多的工厂开始尝试自营电商。与纯电商公司相比，工厂自营电商具有一些明显的优势和局限性。以下是一些优势的列举。

1. 成本优势：工厂可以通过直接生产和销售自己的产品，省去中间商的环节，从而降低产品销售成本，通常可以获得 10%～20% 的成本优势。

2. 供货保障：由于是工厂直接销售，产品的供货效率更高，不容易出现断货的情况。

3. 物流和仓储优势：工厂自营电商可以直接在工厂内部进行仓储和物流，无须将货物发送到异地，这样可以大大降低物流和仓储成本。对于中小规模的电商来说，一年下来可能可以节省一百万元甚至更多。

4. 环保优势：工厂自营电商可以通过循环利用包装材料，降低对环境的污染。与一般的电商公司相比，工厂自营电商可以更好地实现环保和可持续发展。

以下是一些局限性的列举。

1. 人才招聘难度大：工厂一般地处偏僻，难以吸引和招聘到合适的人才，特别是优秀的美工和运营人才。

2. 产品局限性：工厂自营电商的产品相对单一，难以满足广泛的消费者需求。此外，由于缺乏多元化的产品线，复购率和用户黏性可能会较低。

3. 市场竞争力不足：由于缺乏对市场趋势和消费者需求的深入了解，以及品牌建设和营销推广的能力有限，工厂自营电商在市场竞争中可能会处于不利地位。

对于生产型企业来说，选择自营电商策略时需要充分考虑自身的优势和局限性，并采取相应的策略来充分发挥自己的优势并克服其局限性。

行业的隐形专家：行业"万事通"

在许多传统行业里，存在着一群经验丰富、人际广泛的人物，他们被称为"万事通"。对于想要在行业内取得成功的人来说，了解如何成为"万事通"是非常重要的。

首先，"万事通"通常具有丰富的行业经验。他们在这个领域里摸爬滚打多年，对整个行业的运作规则和发展趋势都非常熟悉。这些经验不仅有助于他们更好地应对各种挑战，还能让他们更好地预测和把握机会。

其次，"万事通"拥有广泛的人际关系。他们与各个工厂、供应商、客户等建立了良好的关系，这使得他们能够轻松地解决各种问题，获得更好的资源和更新的信息。人际关系的重要性在于它能够为人们提供竞争优势，使他们在行业内更具竞争力。

最后，"万事通"还具备丰富的行业知识和技能。他们清楚行业的运作机制，能够更准确地判断产品的质量、价格和市场需求。这种知识和技能能够帮助他们更好地把握机会，做出明智的决策。

为了成为"万事通"，需要采取一些具体的行动。行业知识的积累是一个长期的过程，需要不断地学习和实践。同时，要建立广泛的人际关系，积极主动地与不同的人交往，与人建立互信和合作关系。另外，要想保持敏锐的洞察力，就要时刻关注行业动态和变化，留意与行业相关的新闻动态、政策信息，客观看待信息，不盲从，锻炼独立思考的能力。

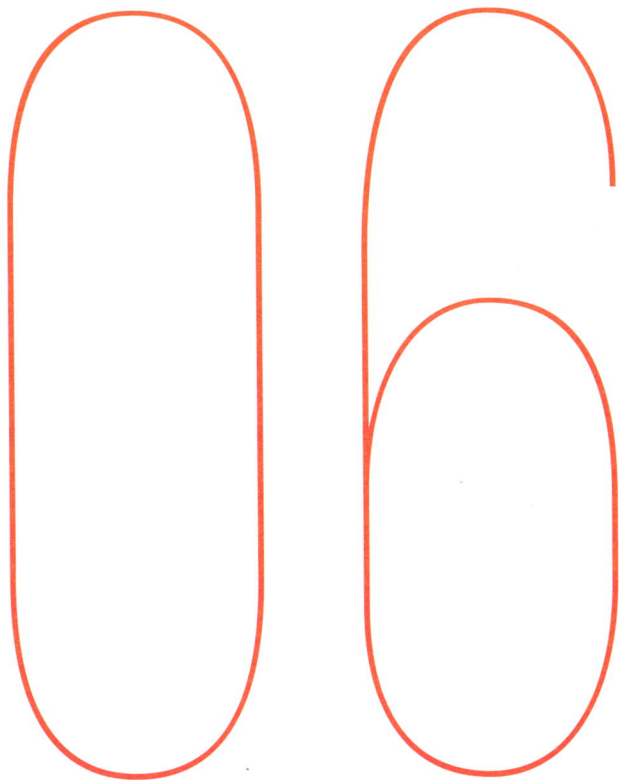

员工关系

好的员工关系，
是一家公司的"软实力"。

相互理解，
才能共同进步。

第 6 章

理解业务员的艰辛

业务员的苦，往往只有他们自己深知。他们的工作压力大，工作时需要全神贯注，不能有丝毫的分心。以我自己的经历为例，在我的外贸业务员生涯中最忙的时候，一个人承担了公司80%的业务，每天有几十个订单和样单要处理，压力之大可想而知。

即使在出去旅游的时候，我也总是接到各种电话，然后远程处理订单的各种问题。原本期待的美好的旅行体验完全被这些电话打断，甚至连一顿心心念念的大餐都不能好好享受。有时我刚到达餐厅，就接到了工厂的电话，处理了半个小时的各种问题后，完全忘了自己刚刚有没有吃过饭。

每一个业务员都有他们自己的艰辛，他们默默承受着压力，付出着努力。作为企业管理者，我们需要理解并体谅他们的艰辛，给予他们更多的支持和鼓励。

如何看待加班

对于加班，每个人的看法可能有所不同。公司业绩固然重要，员工的安全和健康也不能忽视。我是这样看待加班的。

首先，在某些情况下加班是必要的，特别是在紧急情况下或者生产旺季。然而，长时间的加班会对员工的身心健康造成很大的影响，甚至引发安全事故。所以在决定是否要让员工加班时，我们需要谨慎权衡利弊。

其次，对于员工来说，加班应该是一种自愿的并有偿的行为，而不应是被迫的、无偿的。如果员工感到工作压力过大或者无法承受加班，他们应该被允许选择合适的工作时间和工作方式。员工应该有足够的休息时间，以确保他们的身体和心理健康。

再次，工厂老板应该关注员工的生产安全，避免员工疲劳生产和超负荷工作。为了确保员工的安全，工厂应该提供必要的安全设施和培训，并为员工购买保险，同时要与员工保持沟通，了解他们的需求和意见，以便更好地安排工作。

最后，长时间的工作并不意味着高效率的生产。合理的工作时间和工作安排是长期发展所必需的。兼顾员工的身心健康和工作质量是我们最终的追求。

核心员工的关系维护

许多企业管理者深知，员工并不好管理。在大公司中，可能会实施标准化管理，但在小公司中，情况则完全不同。实际上，老板们常常需要用"刚柔并济"的方式来激励和指导员工。当员工犯错时，友情的提醒是必要的，但过重的惩罚可能适得其反。有时候，一个小小的奖励可能比任何标准化管理都更有效。

技术过硬的师傅是很难得的，他们很容易被其他工厂"挖角"，如果他们离职，还可能会带走一些工人，导致工厂停产。因此，与员工保持良好的关系是至关重要的，我们的最终目标是确保团队的稳定和公司的生产顺利进行。

我曾经遇到过核心业务员的流失的情况，这些人中包括销售冠军。虽然这令我猝不及防，但最终我们决定好聚好散。他们在新公司得到了 30% 的股份，并在年底享受了分红。这也提醒了我，核心员工的价值和贡献是管理者需要格外重视的。

管理者眼中的理想员工

每个企业管理者对于理想员工的看法可能有所不同，但以下是大多数管理者通常会欣赏的员工特质。

首先，有才有德的员工是每个管理者都梦寐以求的。这种员工不仅具备出色的工作能力，还具备高尚的品德和职业道德。他们对待工作认真负责，追求卓越，不轻易放弃，同时也不会做出任何损害公司利益的行为。对于这样的员工，老板们通常会给予更多的机会和资源，以帮助他们进一步提升自己的能力和实现自己的职业目标。

其次，在工作中，经验丰富的前辈通常喜欢培养那些聪明、可靠、有安全感的年轻人，并给予他们指导和支持。这样的员工通常具备解决问题的能力，能够独立完成任务，同时具备高度的职业素养和道德标准。

再次，善于积累"本钱"也是非常重要的。所谓"本钱"就是工作经验、技能和行业资源等，这些都将帮助我们在以后的职业生涯中更好地抓住机会。

招聘亲属进公司是一个具有争议的话题。虽然有些亲属可能具备出色的工作能力，但同时也可能会带来一些不必要的麻烦和矛盾。因此，除非你非常信任并且认为这位亲属具备足够的能力和素质，否则最好还是避免招亲属进公司。这样可以避免混淆工作和亲情的关系，也可以避免其他员工产生不满和负面情绪。

最后，优秀员工到底是筛选出来还是培养出来的？这个其实没有正确答案，我培养过许多优秀员工，他们中的很多人都出去创业了。客观来说，我认为应该"筛选"优秀的人才，"培养"忠厚的人。

早期我的公司规模小，实力有限，招不到那些能力出众的员工，没有资格筛选，所以只能培养。但是培养也要看具体情况，我以前觉得头脑聪明、思维活跃的人值得培养，但事实并非如此，这类员工一旦有了足够的能力，如果你不能提供足够大的发展平台，他们很可能会离开，甚至变成你的竞争对手。

我觉得真正值得培养的是忠厚、老实的人，也许他们学历低、基础差，但是他们能坚持下去，比如我的一位员工小陈，虽然他只是初中毕业，文化基础薄弱，但是他一直陪伴我到现在，也帮我解决了许多难题。经过了时间的积累，我在他身上投入的精力得到了很大的回报。

一个企业发展前景好不好，不仅要看老板的能力水平，也要看团队里的其他核心人物的能力水平，那些聪明、能力强的员工，正是企业发展的最大动力。这种人很容易被其他公司挖走或者自己创业，管理者只有给他们提供足够好的发展前景、足够大的发挥空间，才能留住他们。而我做不到这一点，因为我并不想扩大企业规模，所以当我遇到了这样快速成长的人才时，一般会提前想好合作机制，避免日后让对方成为自己生意上的对手。

如何降低员工离职风险

在业务领域，业务员跳槽后把客户带去另一家公司是一种常见的情况，作为管理者，我们需要采取一系列措施来减少这种情况的发生。

首先，要选择值得信任的人。在招聘业务员时，我们应该注重人品的考察。通过试用期的观察和小测试，我们可以初步判断一个人是否值得信任。选择人品靠得住的业务员是降低员工风险的第一步。

其次，建立完善的制度也是非常重要的。对于客户，可以进行分类管理，尤其是对于重要的客户，老板必须亲自参与维护关系。这样可以确保公司对核心客户资源的掌握，降低业务员单独与客户建立关系的可能性。

最后，激励员工并帮助他们摆脱"打工思维"也是减少业务员跳槽并带跑客户的关键。通过实施阶梯式提成制度，让能干的业务员在收入上有更大的发展空间，而且不需要承担创业的风险。这种激励方式可以大大提高员工的忠诚度和工作积极性，降低他们离职的可能性。

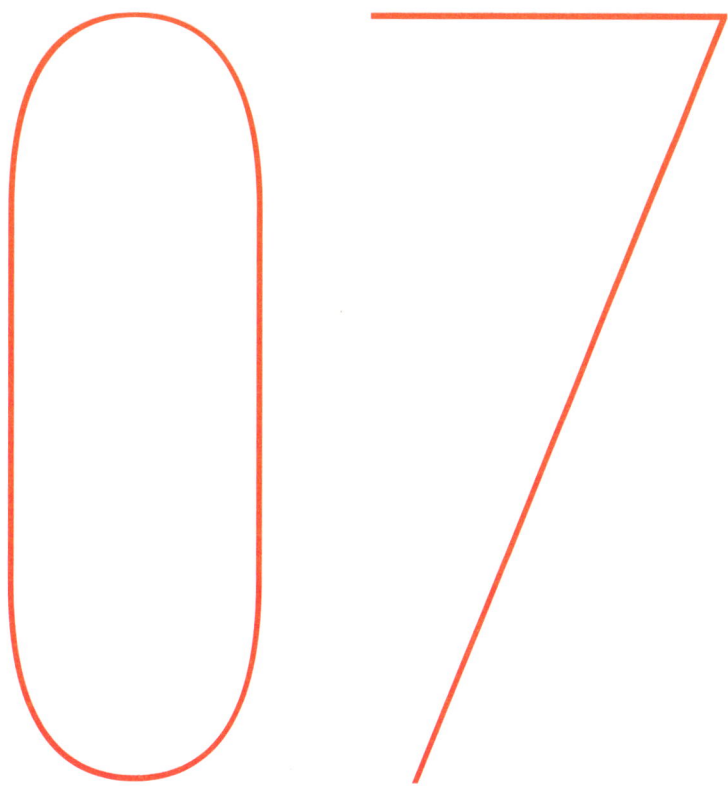

07

客户关系

客户是生意的源泉，

与人为善，坚守底线，
是维护良好关系的关键。

第 7 章

生意人的格局

成功的老板都是维护客户关系的高手，他们善于与人打交道，待人接物让人感到舒适和亲切。他们平易近人，不趾高气扬，不奸诈，而是讲义气、乐于助人、好客、豁达大气。他们在生意场上面对竞争，能够通过一起吃饭等方式化解矛盾，一笑泯恩仇。我一路走来，不断地在做小生意，和许多人打过交道，最欣赏接地气的创业者，最讨厌那些自视甚高的家伙。

在生意场上，走得远的人一定是心胸宽阔、善于维护良好客户关系的高手；而心胸狭窄、格局甚小的人往往无法获得长久的发展。

细节决定成败

做事情时如果能够用心去做、注意细节，往往就能够超越大多数人。有一位业务员，尽管人很聪明，但是在工作上并不认真，他为了省事，总是将从网页下载下来的画质较差的图片直接发送给客户，而实际上，只要花一点时间从公司共享的文件夹中找到原图，或处理一下，就可以提供更清晰的图片。这看似是小事，却会对工作产生不良影响。

做事时应该用心去处理每一个细节，其实我们不需要过度努力或加班，只要用心去做，工作效果就能够超越大多数人。这不仅是对自己的负责，更是对客户和业务的尊重。

另外，建议在一线做业务的朋友尽量不要随意更改自己的微信名，以免给客户带来不必要的困扰。有一位客户曾因为我们的业务员更改微信名而找不到他，结果选择了另一家工厂，将订单下给了对方。

每当说起这个我都会想起"桃子老板"。我经营着一家鞋厂，需要大量采购鞋垫，所以我通常就近选择供应商。我不需要与这些老板频繁打交道，通常都是直接与采购员联系订货。有一位江苏的鞋垫厂老板一直想进入我们工厂的供应链。他每年 6 月中旬都会开车来看我，寒暄几句后就离开，留下他工厂的样品和一箱阳山水蜜桃。

阳山水蜜桃非常出名，市面上有很多假冒产品，但这位来自江苏的老板带来的水蜜桃个大、汁多、味甜，是阳山水蜜桃中的极品。这件事让我对这位老板产生了良好的印象，后来我

们的合作也非常顺利。后来我得知，许多浙江的工厂都很信任
他，并且因为他出现时总是带着一箱水蜜桃，所以被大家称为
"桃子老板"。

生意人的底线和坚持

曾经，我们公司也有很多大客户，但后来被其他公司通过
私下里陪客户吃喝玩乐这种交际方式挖走了。由于竞争激烈，
我们公司不得不转而寻求大量的小客户来弥补损失。目前，我
们只有五个年订单额超过百万美元的大客户，但有 500 多个中
小客户，他们的订单金额在几千到几万美元之间。

实际上，无论是大客户还是小客户，我们在处理每个订单
时所花费的精力和时间都是相似的。所以大客户和大订单更受
商家青睐。我认为自己的能力并不逊于竞争对手，只是我实在
没有精力去应酬和交际。一开始做电商的时候还好，只要产品
好、实力强，即使不额外应酬和交际也能做起来。但随着时间
的推移，公司与电商平台之间的关系以及资源的争取变得尤为
重要。面对这些困境，我感到十分无助和困难。我愿意努力改
变自己来适应环境，但我有自己的原则，无论如何也会守住自
己的底线和坚持。

小客户如何搞定大工厂

曾经，许多工厂都嫌弃小客户，认为他们的订单量小，价值不高。然而，随着市场的变化和大客户业务的萎缩，工厂们也开始逐渐接受小客户。小客户的订单虽然碎片化，但数量众多，也能带来可观的利润。

与大客户相比，小客户的订单往往不太规范，经常会有各种变动和特殊要求。这不仅增加了工厂的工作量，还可能打乱原有的生产计划和标准化流程，产生额外的成本。而大客户一般更加严谨，其订单需求也更有利于工厂的标准化生产。

以前我做贸易时，因为订单规模较小，经常遇到工厂不配合的情况。于是我决定开厂，自己掌握生产环节。经过千辛万苦的努力，我终于将工厂稳定下来，并实现了盈利。

根据我的经验，在与大工厂打交道时与工厂的一线员工建立良好的关系可能比与他们的老板建立关系更有用。当我刚开始做外贸时，公司里有位同事小 W，他负责跟单。他每次去工厂时，都会和那里的一线员工打成一片。无论是业务员，还是样品、生产、包装等环节的员工，他都能与他们建立良好的关系。通过维护这样的人际关系，他确实能够在各个环节的工人的配合下，让小订单的货品顺利生产完成。此外，通过与工厂的一线员工建立联系，小 W 能够更好地了解生产流程和细节，及时解决问题，也能获得更多的反馈和建议，以便更好地优化产品和服务。

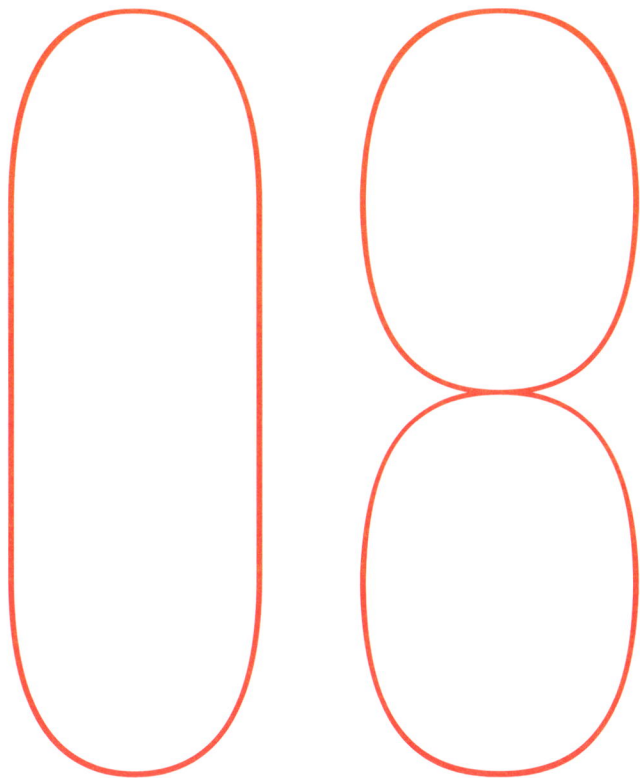

08

创业生意经

多听多看，
以人为鉴，

打造属于自己的
"生意经"。

第 8 章

打造超级个体户

在过去，商业形式的业态中仅涵盖两类人群，即"打工人"和"创业者"。时至今日，一类新型的个体经济参与者逐渐崭露头角，被称为"超级个体户"。这类人群依托于网络平台，将自身在特定领域所积累的经验与技能予以拓展，进而实现影响力的最大化。

超级个体户是灵活就业人群的一种，他们自由地在网上接单，售卖自己的技术、信息以及经验，也能有不错的收入。

合格生意人必备的3种素质

经过多年的商场经验，我认为要成为一名合格的生意人，必须具备以下3种重要素质。

首先，心态要宽广，不能过于敏感，必须学会控制情绪，避免轻易发怒。这样，无论是客户还是员工，都会觉得你稳重并值得信赖。

其次，广交朋友，尽量减少生意场上的敌人。有一句话说得好，"伸手不打笑脸人"，即使面对同行竞争对手，只要你释放善意，就可能存在合作机会。即使合作不成功，也可以保持友好关系，为未来的合作做好准备。

最后，要善于让利。对于可靠的合作伙伴，要表现得慷慨一些，让他们感到受益。这样，他们可能会觉得对你有所亏欠，下次有好机会时，他们首先会想到你。

事业发展贵在专注

尽管我所涉足的领域很多，但我还是认为专注于一项事业非常重要。我的性格决定了我对各种新事物充满好奇，总想尝试一下。关闭鞋厂后，我更加"放飞自我"，探索了各种可能性。多业务线的经营虽然帮助我渡过了难关，但这并不意味着涉足多个领域是正确的选择。

现在，我将自己的事业划分为多个小团队，每个团队专注于一项业务。这种模式要么采取承包方式，要么与合作伙伴共同经营。这种模式对人才的要求极高，每个团队必须有一位杰出的人才来领导，否则很难取得成功。

在拥有杰出人才的基础上，确保资金的充足和利益的合理分配也是至关重要的。如果这些条件得不到满足，业务很难持久发展。只要我们不盲目扩张，保持适度规模，就能避免重蹈覆辙。

生意人的思维方式

通过经营各类生意，我总结出了五个生意人在思维方式上的优势特点。

第一，生意人不会仅凭个人喜好来判断事物，而是关注其盈利潜力。

第二，当发现别人在某个领域盈利时，生意人不会心生嫉妒或怨恨，而是深入分析其背后的逻辑，思考自己是否也能涉足该领域。如果认为自己有能力涉足，他们还会进一步分析既有行动方案的优点和不足，并尝试进行优化。

第三，生意人常常能同时站在生产者和消费者的角度思考问题。例如，开一家火锅店时，他们不仅要考虑客流量、租金、人工成本和翻台率等因素，还会从消费者的角度出发，考虑口味、环境、优惠措施以及回头率等关键要素。甚至如何吸引消费者拍照、打卡，他们也会纳入考虑范畴。

第四，生意人善于借助外部力量和调动身边的资源来达成目标，而不是单打独斗。他们善于利用他人的力量，使事情更加高效和顺利。

第五，发现趋势是生意人成功的关键。这需要靠个人的领悟力，而不是盲目跟随大众的观点。通常当大家都开始抱怨或批评某个趋势时，这恰恰可能是未来的商机所在。因为人们往往不喜欢改变，所以当技术或其他因素发生巨大变革时，这往往会催生出许多新的商业机会。而成功的生意人总是能够敏锐地察觉到这些变化，并迅速抓住机会。

如何找到优质货源

产自义乌的商品的确性价比很高。然而，若要采购高品质产品，去该品类的产业带无疑是更好的选择。有一次，我的波兰客户临时决定订购一批礼品伞，并希望将其与其他商品一同凑成一个整柜。由于客户自行寻找不便，便委托我代为办理。我在 1688 网站上查询了多家供应商，他们的报价在几元至十几元之间不等。当时我对伞类产品并不熟悉，朋友建议我去义乌实地考察。于是，我前往当地，找到一家卖伞的摊位，随机挑选了几款产品。

　　老板娘给出的报价让人惊讶，一箱雨伞的价格仅为12元，而每箱包含12把，也就是说每把仅需1元。起初，我对这样的低价感到不可思议。然而，当我稍微用力折了一下伞的金属骨架时，它竟然断裂了。后来，我了解到浙江上虞崧厦镇是雨伞产业带，那里的厂家众多，既有内销也有外贸，虽然价格略高，但产品质量却优于义乌的供应商。因此，建议大家在寻找产品时，尽量去产业带进行挑选。

　　事实上，网络寻货渠道并不十分可靠，网上排名靠前的商品有的是通过花钱推广，甚至是利用矩阵策略实现的。而优质工厂通常不会在1688平台上展示。即使有，也往往因排名靠后而难以被找到。因此，要寻求优质货源，主要还是要深入产业链。以我为例，我从事鞋类生产，曾走访过上百家鞋厂，对各厂家的特点、市场定位和主要客户都有深入了解。甚至当一些工厂缺乏鞋楦尺寸信息时，我会派专人前往搜集整理，并拍摄照片，制成表格。

　　跑产业带是一件很有意思的事。关闭工厂后，我创立了一个美食账号"风中的小厨"。当时，一款蜂窝炒锅很流行，精选联盟售价为180元，并提供20%的佣金。通过发布一条关于这个商品的视频，我成功售出十余件产品，但我觉得拿货价格略高。

　　这时，业内人士给我推荐了永康的货源。永康是我国五金用品产业的最大基地，产品涵盖工具、厨具、保温杯等各类产品。那款锅就出自永康。所以，我借此机会，进一步联系到永康的厂家，用更低的拿货价格谈成合作。如此一来，利润空间显著提升。

　　随后，我开始卖螺蛳粉。通过网友的推荐，我们了解到柳州市拥有众多大小不一的螺蛳粉生产企业。在逐一品尝比较后，我们最终选定了一家合作伙伴，并获得了颇具竞争力的价格优势。这款螺蛳粉销售势头很好，利润也相当可观。

有故事的生意人

　　许多生意人都很会讲故事，但并不是每个生意人都是靠吹牛来赢得信任。讲好故事是吸引人的方式，但过度的吹嘘可能会给人留下不踏实的印象。事实上，生意人的故事多是因为他们经常与各种人打交道，面临各种挑战和状况。无论是开厂、做贸易还是做电商，都难免遇到亏损、负债等困难。

　　过去几十年，经济高速发展，一轮又一轮的红利涌现，造就了许多成功的故事。这些成功故事确实令人振奋，但当红利消退时，一些人因运气而赚来的钱又会因实力不足而失去，便变成了令人遗憾的故事。

因此，生意人的生活就像过山车一样起伏不定。正如周星驰在电影里的一句经典台词："人生的大起大落太快，实在是太刺激了！"

在陌生的地方开展生意

当一个人来到一个陌生的环境，想要开展事业，要如何开始呢？

首先，要先安顿下来。在开始做生意之前，你需要先赚取基本收入，维持生活开销。在这个阶段，放下身段、踏实做事，给人留下良好的印象是非常重要的。

其次，寻找市场需求。观察身边人的共同需求和经常抱怨的问题，思考是否能够提供解决方案。以我们公司的一位外地员工为例，他发现许多人的收入不高，希望购买性价比高的刚需产品，但总是容易在网上"踩坑"。于是他开始寻找渠道，提供满足他们需求的产品，同时通过组织团购赚取差价。由于产品质量好，他的口碑逐渐建立起来，形成了长期复购。

最后，要与关键人物建立联系。无论是找货源还是寻求合作，都需要与关键人物建立联系。这些关键人物不一定有权有势，但一定具备某些特殊的技能或资源。在某些外贸公司中，验货人员是关键人物；而在供应链公司中，消息灵通的人是关键人物。同时，要具备辨别真假的能力，避免被一些夸夸其谈的人所误导。

小企业主能否"躺平"

很多人谈论"躺平"，但小企业主怎么能"躺平"？如果小企业主"躺平"了，员工就可能失业。由于大客户压价，我现在经营的服装厂亏损，但还有订单和现金流，还能够维持运转。即使公司的外贸和电商业务的销量减半，我也不会选择辞退已经跟随公司多年的这些员工。

员工的工作量少了，可以休息休息。但小企业主不行，因为大部分小企业主还有负债，不努力就等于破产。少数没有负债的小企业主，都是有许多财富积累的人，公司倒闭对他们来说只是账上的数字少了，但对很多普通人来说却是生计没了。

许多小企业主找我寻求解决办法，因为他们以前依赖的传统渠道正在逐渐失效。他们中最多的是经营传统外贸企业的老板、只依靠广交会的工厂厂长，以及只做外贸的电商老板和只做线下贸易的实体店老板。过去，大家会觉得发展多个渠道是

"不务正业"，而现在却被迫尝试，有点临时抱佛脚的感觉。但无论如何，他们必须努力去做，否则只能面临失败。

小型企业如何实现盈利增长

对于小型企业而言，如何实现盈利增长是一项关键任务。关于企业增收，我个人有六个建议。

1. **重视维护老客户关系并挖掘其需求**。许多经营者倾向于寻求新客户，却忽视了老客户关系的维护。实际上，老客户是现成的，只需满足他们的需求，促进多次复购，便可提升收入。

2. **提升服务质量**。许多中小企业服务意识不足，但如果不能改善服务质量，顾客便会转去选择竞争对手。只有将顾客视为最重要的合作伙伴，才能赢得意想不到的回报。

3. **关注产品品质**。企业不应盲目追求新品，而应在现有产品基础上，充分征求顾客意见，优化现有产品，提升品质，解决痛点，从而在细分市场占据优势。

4. **重视原创设计和知识产权**。具有竞争力的中小企业往往具备一定程度的原创能力。如果自身不具备原创能力，可以寻求合作伙伴。同时，请务必重视对知识产权的保护，防止抄袭，以延长产品生命周期。

5. **避免价格战**。尽管市场竞争激烈，产品的价格底线不断被突破，但企业仍然要关注产品品质，切勿偷工减料。或者，可以尝试跳出价格竞争的怪圈，定价高一些。我的公司在亚马逊销售雪地靴时，就采取了这个策略。这样做避开了与国内的竞争对手争锋，转而与国外的企业竞争，虽然商品销量不大，但利润可观，库存压力也小了。

6. **谨慎投资扩产，尤其是在不熟悉的领域**。在长期经营过程中，企业要控制风险，避免盲目投资。

运营篇

创业者一定要
充分利用好
自媒体时代的红利，

掌握各大平台的
运营技巧，
才能踩准风口，
走在时代前列。

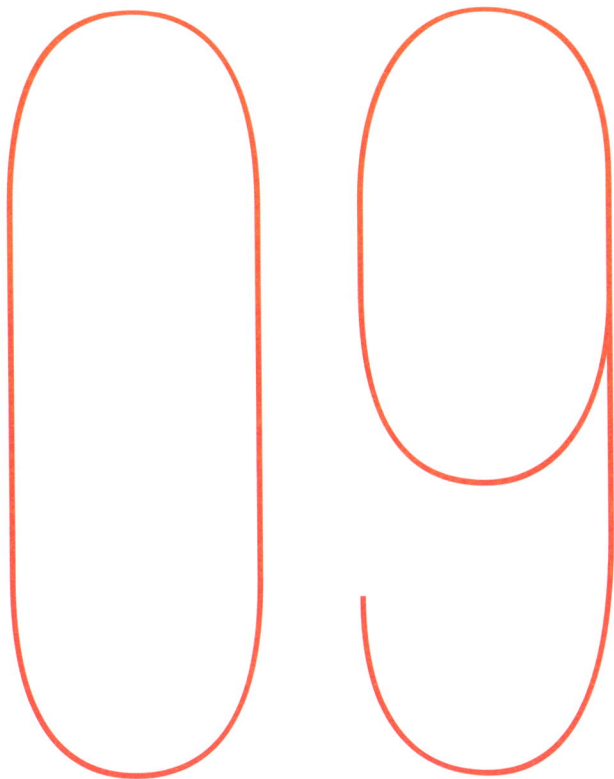

自媒体运营

以短视频平台为代表的
第三代新媒体，
已成为生意最核心的渠道，
必须深入理解和应用它。

第 9 章

小企业主是否适合做自媒体

有时候我会庆幸，虽然现实中有许多出色的老板，他们的输出能力同样出色，但他们并没有选择进入自媒体领域。如果他们也加入了这个领域，那么我可能会面临更大的竞争。实际上，无论你的主业做得多么出色，都可以考虑将自媒体作为副业来发展。你可以先尝试涉足这个领域，不必过多地投入精力，如果感觉过于吃力，那就说明你"肚子里的货"还不够多，需要掌握更多技能，增加知识的输入。

生意人在自媒体领域可能会有一定的优势，因为他们接触的人和事更加多元化。在工作中，他们需要处理各种问题，接触各种人，包括供应商、渠道商、客户、员工、服务商和政府部门等。他们有机会和高端客户交流，也有机会和车间工人或路边摊贩畅饮。形形色色的人和事为他们提供了源源不断的素材。相比之下，那些从事相对稳定工作的人，接触的人和事相对固定，可能会缺乏素材来源。从这方面来看，生意人似乎在做自媒体这件事上有一定的天然优势。

解读第三代新媒体

现如今，无论是创业者还是创作者，无论是否对短视频抱有抵触情绪，都必须深入理解第三代新媒体的实质。

第一代新媒体以门户网站为代表，如新浪、搜狐、网易等，其发布的信息与传统报纸和电视节目中的信息相似，受众被动接受它们所提供的内容。

第二代新媒体以微博、公众号等社交媒体为代表，个人创作者在此有了展示的舞台。然而，要想在众多内容中脱颖而出，仅凭优质内容是不够的，还要依赖用户的转发。在微博平台上，即便内容质量再高，如果没有人转发，仍然难以传播。因此，创作者还要擅长人际交往。以我为例，因为不善交际，我写微博的前三年都没有什么起色，三次快速涨粉，都是得益于一些微博红人的转发助力。

第三代新媒体以抖音等短视频平台为代表，表面上呈现为短视频形式，核心则是算法机制。只要内容质量过硬，无须刻意经营人际关系，平台就会助力传播。

短视频的崛起实际上是科技发展的产物。三代新媒体的更迭，分别对应了有线宽带、3G、4G 及 5G 等不同网络时代。每个阶段，都有新兴产业应运而生。时代的车轮滚滚向前，相信在不久的将来，我们还会迎来下一个令人振奋的新产业。

短视频的前三秒定律

短视频最重要的就是前三秒。实际上，在现实生活中也存在前三秒定律，即第一印象至关重要。

制作短视频比写微博更具挑战性，为了持续产出优质内容，需要进行精细的规划并掌握事半功倍的技巧。例如，你可能付出了巨大的努力创作了一个精良的作品，视频在开始时较为平淡，但后面会逐渐达到高潮并呈现完美的结局。然而，如果前三秒无法吸引观众，那么即使作品的后半部分再出色也可能无法获得流量。因为观众在看完前三秒后没有继续观看，所以视频的完播率较低，系统会将其判定为低质内容。

相反，有的短视频可能在前三秒就吸引了观众的注意力，其播放量可能就是你这条视频的一千、一万倍。如果他们在前三秒后再加上一个转折，视频还可能流量激增，成为爆款。同理，小红书内容以图文笔记形式为主，而且一个页面可以展示4 条内容，创作者最需要做好的是封面和标题，确保在同一个页面的竞争者中脱颖而出。

任何事情都有其方法可循，做短视频尤其如此，不可盲目用功。

新人如何做短视频

对于刚刚踏入短视频领域的新人，拍摄过程中可能会遇到许多困难，导致心态受到影响。以下是一些简单的建议，帮助你快速入门。

1. **从模仿开始**。在刚开始的时候，可以尝试模仿那些专业的短视频创作者。模仿不是抄袭，而是学习他人的拍摄技巧、构图和编辑方式。通过模仿，你可以快速了解行业的标准，找到自己的风格。

2. **重视构图**。如果拍摄出来的画面不够美观，很多时候问题出在构图上。一个简单的方法是使用手机相机里的辅助线功能，确保被摄主体位于画面三等分线的位置。这是视觉上的最佳平衡点。

3. **掌控光线**。光线对视频质量的影响至关重要。你可以购买三组灯，分别放置在左右两侧和正上方，确保被摄对象没有阴影。当然，也可以巧妙地利用阴影来营造艺术效果。

4. **调整色彩**。很多人在拍摄时会遇到画面暗淡的问题，单纯的滤镜调整可能无法解决根本问题。建议在剪辑软件中调整饱和度，这样能够立刻让画面变得更加鲜艳。

5. **重视音乐的选择**。音乐是短视频的灵魂。一个好的背景音乐能够吸引观众并使他们完整地看完视频。在早期阶段，你可以选择平台上的热门音乐来吸引观众。

6. **积累剪辑技巧**。流畅而有节奏感的剪辑是关键。这需要不断地实践和积累经验。你可以先尝试多剪辑一些短视频，还可以配合一些免费的剪辑教程一起学习。

做美食教程号的注意事项

在自媒体领域，创作美食内容的过程与其他类型相差无几。运营步骤如下：首先，创作者要懂食材，即便使用空气炸锅等无须精湛厨艺的设备，也要了解食物特性，以保证烹饪效果美观，对于较复杂的烘焙技艺，建议进行系统性学习；其次，要掌握基本技能，包括拍摄、剪辑、构图、布光、色彩搭配以及动作节奏，要流畅自然，因为短视频创作犹如表演，真实表现胜过繁复技巧；在此基础上，要用"流量密码"吸引关注，也就是融入当下热点，但切忌误导观众，过分追求套路只会适得其反。最后是做产品推广和星图广告等——值得注意的是，尽管这样可助力推广，但这种一直投钱的模式未必长久。

在创作过程中，务必注重教学安全。曾有博主发布的炸薯条教程导致上百个效仿者受伤，博主却拒绝道歉，甚至指责这些厨房新手。这是一个典型的负面案例，应引以为戒。一方面，操作步骤一定要在视频中说明清楚，避免粉丝在效仿时引发安全问题。另一方面，即使粉丝操作失误，博主也不应持有此种态度，毕竟这些烹饪教程的受众正是厨房新手，粉丝关注博主正是为了学习。

短视频的商业价值

我的一位朋友告诉我，最近她从事短视频制作的买卖，收益颇丰。起初，她建了一个美食账号，因为拍摄技艺精湛，吸引了一些厂商购买她的短视频，并提供产品让她拍摄。每条短视频的售价在 200 元至 400 元之间，她每日产出 2 ~ 3 条，供厂商用作投放素材。千川素材，大家或有所闻，这些素材每日需求量巨大。厂商自行拍摄耗时费力，因此倾向于购买美食博主的短视频。作为厂商，如何与这类博主建立合作呢？

1. 建议联系粉丝量在五千至五万之间的"小"博主，他们可能愿意合作。粉丝体量大的"大"博主日程繁忙，对报酬要求较高，往往不易成交。

2. 需提供合作产品，越多越好。对于昂贵的家电类产品，可采用寄用寄还的方式。

3. 提出拍摄要求时，最好提供模板，越多越好。通过不断测试，筛选出投入产出比最高的视频，加大投放力度。这与淘宝店铺测试主图的道理相同。

4. 不建议和专门拍摄短视频的机构合作。这类机构做出的作品看似专业但缺乏灵魂。相反，个人博主更用心，作品质量相对较高。

5. 可以考虑在官方平台上购买或出售短视频素材，但须注意遵守相关规定。

许多人误认为剪辑视频这件事很复杂，需要创作内容、拍摄大片、成为网络红人或艺术家。实则不然，剪辑视频大多是为了解决日常工作生活中的小事，如记录孩子成长，或向客户介绍产品等。剪辑视频如同使用 Excel 表格，是 5G 时代的基本技能。

在这里也分享我对于短视频带货的一些深度思考。以我对电商的趋势判断，我认为直播带货发展已经到了瓶颈，但短视频卖货还有很大的发展空间。之所以敢这么说，是因为我研究这个领域已经很多年了。

我在微博聊这个话题时，评论区争议很大。网友说视频带货就是电视广告，其实这两者区别非常大，传统电视广告即便花几十万上百万元拍摄费，现在从带货效果上来说可能也不如素人博主随便拍摄的一段产品使用体会。

素人博主给人的感觉，和那些有距离感的企业完全不一样，他们更像身边的朋友，更容易获得我们的信任。如果是本身有一些粉丝基础的带货达人，这种信任感还会更强。而且短视频电商可以实时下单购买，体验感更好。营销学里面有两个概念，KOC（Key Opinion Consumer）和 KOL（Key Opinion Leader），分别就指这两种人，即关键意见消费者和关键意见领袖。

传统媒体的广告效果越来越差，因为我们已经被传统媒体的广告"轰炸"了三四十年，早就厌倦了。电视媒体广告的受众是固定的，广告很难有针对性地投放给特定人群，而短视频带货已经置入算法，系统会根据人群的特定需求来推送内容，精准度更高。

小企业主一定要重视这个趋势，改变一成不变的推广模式。"高大上"的广告片就别拍了，拍点接地气的视频。除了寻找更多达人推荐产品，公司内部也可以打造几个能带货的账号。这样可以节省大量的运营推广成本。

做自媒体成功后，你会遇到什么挫折

首先，互联网的放大效应意味着你的优点和缺点都会被放大，你的瑕疵可能会被无限放大，导致声誉受损。因此，我们需要谨慎发言。

其次，不要轻易为他人背书。在现实生活中，人们可能能够做到对身边的人知根知底，但在网络上，你往往对一个人一无所知。请不要因为一时的情感而轻易相信别人，以免遭受损失。

再次，自媒体行业充满竞争，受到批评和谩骂是常态，不要"玻璃心"。无论你有多少粉丝，都要拥有足够宽广的胸怀来应对负面评论。

最后，自媒体的生命周期有限。许多博主虽然有数百万粉丝，作品的点赞量、评论数却不高。这可能是由于粉丝流失、缺乏新粉丝或内容创新不足。随着时间的推移，人们会经历不同的生活阶段，尤其是成为父母后，许多人会减少花在社交媒体上的时间。为了保持热度，博主需要不断创新并迎合市场需求，这是一项艰巨的任务。经历过喧嚣之后，每个自媒体人可能都会面临寂寥的时刻，这时候一定要保持正确的心态和持续的努力。

自媒体团队的痛点

随着网络红人和直播的兴起，近年来出现了大量的 MCN 公司。这些公司都希望借助这一趋势快速盈利，但现实往往不尽如人意。尽管头部公司仍然表现亮眼，但大部分公司其实并没有足够的实力。他们招募了一批刚毕业的"网络红人"，通过包装和砸钱来快速提升账号的影响力，并吸引商家投放广告。这种方法确实在一段时间内取得了成功，但现在却越来越难以为继。原因有以下几个。

1. **平台的去中心化趋势明显**。在抖音这样的平台，那些曾经非常受欢迎的网络红人现在可能面临流量大幅下滑的情况。这是因为用户对新鲜感的需求很高，一旦看腻了就会转向其他内容。因此，即使一个网络红人拥有数百万粉丝，他们的直播间也可能只有几百人观看，而一些看似人气很高的直播间，实际上可能花费了大量的推广费用来获得这样的流量。

2. **商家日趋谨慎**。随着时间的推移，越来越多的商家变得聪明起来，他们不再轻易地被"忽悠"，在短视频推广上的投资越来越谨慎。

3. **受数据造假和负面新闻的影响**。一些 MCN 机构为了追求短期利益，采用了数据造假的不正当手段。这些行为已经被多次曝光，对整个行业造成了严重的声誉损害。这不仅影响到了那些真正在做实事的公司，也使得客户和商家对整个行业产生了疑虑。

4. **供应链管理存在问题**。许多 MCN 机构擅长运营流量，却不擅长管理供应链。为了追求快速回报，他们可能会选择销售劣质或假冒伪劣产品，损害了消费者的利益和整个行业的形象。

5. **管理网络红人很难**。对于 MCN 行业来说，管理旗下的网络红人是一项具有挑战性的任务。由于工作强度大且诱惑众多，很多网络红人在积累了一定数量的粉丝后会选择自己创业。我个人认为，MCN 行业的兴起速度非常快，但也将经历快速的洗牌过程。然而，这个行业不会消失，它是时代发展的必然产物。

给自媒体人的忠告和祝福

首先，要重视评论区。在互动中，你可以学到很多东西。我有一次发布了一条吃椰子鸡的视频后，评论区的反馈教会了我很多：主播的指甲要保持干净，视频的背景音乐要选择恰当，还要注意餐具的选择和使用。对于这种博主自拍的情景式广告，专业性是必要的，但过于商业化和广告感太强都会影响观众的体验。关键是要用心去做，不矫情，营造出温馨的氛围和生活气息。

当然，最重要的是产品本身的质量。对于这一点，我有足够的自信。每次拍摄时，我都会尽力融入自己的情感和真实体验。

其次，我再次提醒大家不要轻易为别人背书。我曾经因为轻信别人而遭遇了一些挫折。网络上的朋友只是萍水相逢，我们并不真正了解对方。不要因为一时的情感而做出不明智的决定，以免最终受到伤害。我们首先要确保自己不摔倒，然后再去帮助别人。

愿意分享的自媒体人运气通常都不会太差。分享的目的是得到反馈，这会让你知道自己的内容是否受到欢迎和被认可。同时，要避免传递负能量。积极的态度和阳光的心态会吸引更多的关注和支持。

最后，祝愿所有自媒体人能够在创作的道路上越走越远，实现自己的目标和梦想。

10

微博运营

微博依然是重要的宣发渠道。

如何通过运营微博获取粉丝和流量，
从而助力销售？

第 10 章

爆款三要素

虽然微博的流量不如抖音那么大，但是微博是以图文为主的，有它独特的优点，吸引着那些热爱文字、有耐心、善于思考的用户。而且浏览微博时手机是可以不发出声音的，适合在许多特定的环境中浏览。如果在微博长期输出内容，吸引来的用户价值是比较高的，并且微博平台的竞争相对来说也不激烈，是一个值得尝试的赛道。

我在微博上写过许多篇爆款文章，在分析了作品获得高热度的原因后，我有以下几点心得。

1. 食物类内容显然更具吸引力。我的图片并不算出色，如果能让图片更加精美、诱人，无疑会让更多人点开。

2. 文章需要创造话题或利用对比、反差来促进互动，若能结合热点元素，往往能大幅提高阅读量。

3. 账号权重不容忽视。尽管我的粉丝数量不多，但这些粉丝都是活跃粉丝。这种账号更易获得系统推荐，增加曝光。这与电商层级高的店铺的运营原理相通。

最近，许多博主向我寻求建议，他们基础薄弱，对自媒体的理解尚浅。其实自媒体并不复杂，关键在于理解平台的流量分发机制后再着手操作。我的技术并不精湛，但我清楚原理，所以指挥运营得心应手。事实上，技术远不及原理重要。

如何获取流量

在拥有了爆款文章之后，如何获取流量呢？网络实际上是一个杠杆和放大器，只要具备一定的条件，便能借助合适的平台实现流量的扩大。所需的条件包括技能、观点、颜值和财力，至少需满足其中两项。技能种类繁多，如烹饪、歌唱、舞蹈、写作、绘画、设计以及休闲娱乐等。观点可以是有深度的，也可以是有趣的，关键是要符合大众喜好，同时要避免过于消极。颜值则能起到锦上添花的作用，但再好看的外貌也会让人审美疲劳。财力是必要条件，要知道，很多流量是需要付费的。资金要投入到优质内容上，例如有的博主不断给某条微博购买流量，这说明那条微博能为他带来的粉丝最多，投入的资金自然值得。这与电商的运营策略相似，即追求投入产出比（ROI），理想情况下可达 1∶10 的回报。

　　时常有人质疑博主是否在"蹭流量"，那么，"蹭"来的流量究竟有何作用？作为一个运营人员和自媒体作者，我分享一下自己的解读。商业流量包括公域流量和私域流量，其中，公域流量主要来源于淘宝、天猫、京东、拼多多等电商平台，以及抖音、快手、小红书等内容平台。电商平台的流量最为宝贵，因为用户正是为此而来，这些流量可分为四大类：搜索流量、推荐流量、广告流量和站外引流。

　　私域流量主要包括微信朋友圈、公众号、各类群聊以及粉丝黏性高的直播间，这种流量建立在相互信任的基础之上。公域流量如同流水，源源不断，但获取成本较高，流量归属于平台，而非个人。相较之下，私域流量如同池塘，这才是真正属于自己的流量。

微博如何快速增加粉丝

　　在前面，我分享了自己的微博运营经验。接下来，我将分享一些关于如何在微博上快速增加粉丝的方法。

　　首先，明确目标受众和塑造个人形象至关重要。明确"我是谁"以及"写给谁看"有助于针对特定群体进行更有针对性的内容创作。发表针对小众话题的观点后涨粉速度可能较慢，而针对大众话题发表的观点往往能更容易吸引粉丝。例如，我的微博定位是分享各种做生意的经验和经营管理方面的知识，因此涨粉速度相对较慢。而那些专注于娱乐和情感领域的账号往往能够迅速积累大量粉丝。

其次，要快速增加粉丝，与微博红人互动是一个有效的方式。当我的原创文章被他们转发时，通常能够一次性增加一两千个粉丝。此外，登上热搜也是快速涨粉的途径之一。每次登上热搜，该账号通常能增加四五千个粉丝，最多的一次甚至增加了五万个。免费流量的增长需要时间积累，而通过与名人互动、持续地高质量输出内容、上热门和上热搜等方式，可以迅速提升粉丝数量。

另外，付费来获取流量虽然会使粉丝数量迅速增长，但其性价比并不高，类似于淘宝直通车的模式。这样虽然可以迅速增加粉丝数，但这并不是一个可持续的粉丝增长方式。

微博大咖卖货指南

许多内容做得不错的微博红人想要卖货，但他们往往缺乏售卖经验。针对这个问题，我想从三个方面分享我的建议：选品、供应链以及推广。

　　首先，选品的两大关键因素为人群定位与复购率。人群定位将直接影响转化率，例如，美妆博主可销售化妆品，穿搭博主可销售时装，美食博主可销售食品。而复购率也至关重要。创作者需珍惜粉丝资源，避免进行一次性交易，因此选品时应尽量选择复购率较高的品类，确保商品质量，吸引回头客。总体来说，快消品、化妆品和食品的复购率较高，而家具、家电及消费者因某种情怀而购买的商品的复购率较低。

　　其次，供应链管理是另一关键环节。供应链涵盖采购、生产、销售、仓储、物流及售后等多个环节。一些创作者直接从厂家进货，但商品质量参差不齐，长期经营后会发现，不靠谱的工厂比比皆是。而懂供应链的创作者往往与专门的供应链公司合作。

　　最后，推广策略至关重要。自带流量的网络红人在自己经常活跃的平台进行宣传即可。引人注目但不令人反感，正是他们擅长的。他们的广告引人入胜，内容生动，转化率极高。据统计，年销售额过千万元的微博博主比比皆是，过亿元的也大有人在。只要逐步将微博等平台运营起来，商品销售自然不是问题。但请务必留意以上所述的关键点。

引流三大策略

在这里分享几个我探索到的有效引流的方法。

1. 从微博粉丝引流至微信进行产品销售。这种策略的关键在于合法合规，坚决不卖假货。例如，美食博主可以创建一个专注于美食的社群，通过提供优质内容吸引粉丝并促进复购，从而构建高黏性群体。

2. 将微博粉丝引导至知识付费平台以销售信息或干货。例如，一些平台如"得到""小红圈"和"知识星球"等，为博主们提供了一个销售专业知识和技能的舞台。一些博主甚至可以将个人兴趣发展为事业，通过分享独特的猎奇内容获得收益。

3. 当微博粉丝数量积累到一定程度（如十万以上）时，可以考虑将其引流至公众号。公众号拥有多种盈利方式，如流量主、广告和产品销售等。例如，某育儿领域的博主通过在公众号上销售儿童书桌，实现了三千万元的销售额。

需要注意的是，频繁的广告推送可能会导致用户流失。因此，建议在优质内容中巧妙地植入软广告。

时代变迁与微博的进步

随着时代的进步，微博也在不断发展。最近几年，微博的流量分发机制发生了变化，开始借鉴抖音的运作模式。以前，微博的流量主要依赖于名人和网络红人的转发来带动粉丝增长。但现在，我感受到了一种新的氛围。我猜测，现在的流量分配更加注重文章的质量。也就是说，如果文章的数据表现优秀，系统会给予其更多的曝光机会。

这种变革如果真的得以实施，将是一件好事。在过去的环境中，名人、网络红人处于绝对优势的地位，而新人则不得不费尽心思去讨好网络红人、搞关系、跟风蹭热点以增加粉丝。然而，抖音的成功秘诀在于其去中心化的流量分发机制。在这样的机制下，新人只需专注于创作高质量的内容就有机会崭露头角。

小到企业，大到城市，这个道理同样适用。只有当公平得到维护，年轻人得到充分的机会时，整个体系才能充满活力。

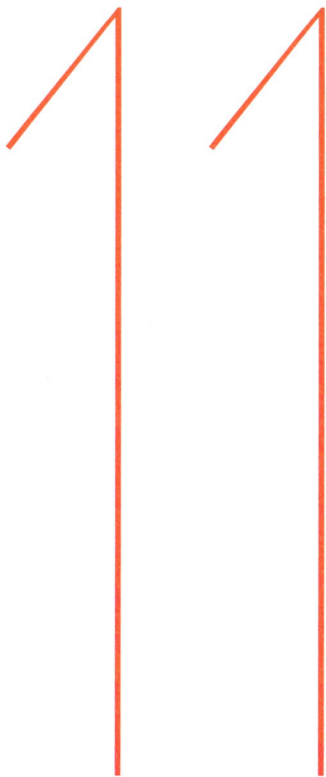

11

抖音运营

抖音或将成为国内
最大的电商平台。

如何在"抖音时代"
脱颖而出？

第 11 章

抖音账号定位的基础原理

在投身于抖音做自媒体之前，首先要对抖音账号的定位原理有所了解。磨刀不误砍柴工，掌握这些基础知识将有助于后续的运营，使其更为高效。

首先要了解流量池机制。

1. 人群标签

抖音的流量池机制是指抖音平台根据用户的兴趣、行为和互动等多个维度，将用户分配到不同的流量池中，从而向用户推荐最符合其兴趣的内容。流量池是一个动态的集合，包含了一系列的短视频，通过不断地更新和调整，以满足不同人群标签的用户的需求和偏好。

2. 流量层级

抖音流量池分为八个档次，由低到高分别为：

初始流量池：200 ～ 500 播放量；

千人流量池：3000 ～ 5000 播放量；

万人流量池：1 万 ～ 2 万播放量；

初级流量池：10 万 ～ 15 万播放量（此时开始有人工审核）；

中级流量池：30 万 ～ 70 万播放量；

高级流量池：100 万 ～ 300 万播放量；

热门流量池：500 万 ～ 1200 万播放量，全站推荐。

3. 分发机制

系统会根据用户对作品采取的行为，判断作品的优劣，进行流量的分配。在第 3 章我们提到过完播率和播放时长，以及互动率，收藏率等指标。这里再补充几点。

（1）用户体验：流量池机制可以根据用户的兴趣和行为，为用户推荐更符合其兴趣的短视频，提升用户的观看体验和满意度。

（2）内容曝光：通过流量池机制，优质的短视频可以获得更多的曝光机会，吸引更多的用户观看和互动，增加内容创作者的影响力和粉丝数量。

（3）内容多样性：流量池机制可以根据用户的兴趣和偏好，推荐不同类型的短视频给用户，丰富用户的内容选择和体验。

（4）用户互动：流量池机制根据用户的互动行为，不断调整和更新流量池中的短视频，鼓励用户进行点赞、评论、分享等互动行为。

当前，各大平台都很注重垂直领域的内容生产，因为这能丰富平台的内容库，提升内容质量。定位决定了内容的瓶颈，而你的粉丝量和点赞量皆取决于定位（在此提醒各位，选择天花板较高的领域虽挑战更大，但取得的成就也更高；天花板较低的领域虽易入手，但成就有限）。此外，多元化内容往往难以在粉丝心中留下独特印象，因此选择抖音定位时应慎重。

抖音定位的三要素包括：行业领域、目标受众以及个人特色。以下为关键要点：

- 昵称要简洁易懂，易于传播，避免使用生僻字；
- 头像要引人注目，具备吸引力；
- 个人签名可参照头部网络红人的个人签名，皆有一定的套路。

同时要了解以下的注意事项：

- 一级分类 + 二级分类 + 姓名 = 个人 IP；

- 寻找对标账号，搜索并关注 20 ~ 30 个同行；
- 发掘自身优势，突出个人亮点。

关注同行至关重要，这便于获取更精准的粉丝。定位务必明确，只有这样权重才会提高，从而获得精准流量。这与电商运营原理相似，最好不要涉足过多领域，否则系统给你的权重会较低。

不要轻易跟风

这一点我要着重强调：请务必确保每篇作品与账号定位相符！具体的操作步骤如下。

1. 确认作品分类。在作品首次发布时，其类别依据抖音账号的标签确定。若账号标签为搞笑剧，则作品类别为搞笑剧；若账号标签为游戏视频，则作品类别为游戏视频。

然而，当作品经历了一轮又一轮的推荐，达到第 8 次推荐的时候，作品将被赋予特定标签。在这个阶段，作品除了原有的账号标签外，还会被额外添加多个标签。此后，作品将获得长期推荐，从而不断获得流量。

2. 选择要做的领域。在选择要进入的领域时，你应首先考虑自己热爱并擅长的领域，最好在这个领域你能够具备丰富的知识储备，便于形成独特的视角，并能长期稳定地产出优质内容。当面临困境时，真正的热爱能帮助你抵消负面情绪。其次，你可选择自己具备独特资源的领域，如歌唱、养殖、动物养护、农场经营、教育、沿海捕捞等。充分利用已有的专业优势和经验等资源，以赢得目标受众的喜爱。

3. 内容创作。在内容创作过程中，请务必坚守所选领域的范围，避免盲目追随潮流，制作超出领域范围的作品。以一个专注于拍摄搞笑短片和情景剧的账号为例，当该账号的主理人看到别人演唱歌曲迅速走红，便试图效仿，结果发现他自己的作品并未引发关注，甚至未能获得推荐。因为一旦账号被贴上特定标签，与标签不符的作品将不会被推荐。对于以真人出镜为主的账号，如果突然发布无真人出现的作品，很可能无法获得推荐。因此，在创作过程中，可以多学习本领域内优质作品，每天至少看十个获百万点赞的作品，认真领悟爆款作品的特质。

4. 符合抖音平台偏好。抖音平台的核心主题是"记录美好生活"，因此，作品应更加侧重生活化的内容，捕捉生活中不经意的美好瞬间。

在短视频创作环境中，正能量是主流方向。短视频作品应倡导正能量，否则轻则无法获得推荐，重则可能导致账号被封禁。倡导美好生活，赞美动人的情感，成功率往往会更高。

抖音时代：如何正确建立个人 IP

在抖音时代，选择个人 IP 的赛道对于吸引和留住粉丝至关重要。以下是几类当前受欢迎的主题类别和 IP 特点。

1.颜值类：这类内容以展示个人魅力、时尚风格为主，专注于美妆、护肤、穿搭等话题。

2.兴趣类：聚焦于某种个人爱好，如汽车、旅行、游戏等。

3.生活类：这类内容强调日常生活的分享，适合展现个性和生活方式。

4.技艺类：凭借各种才艺或独特的技能，如音乐、舞蹈、编程等，创造有价值的内容。

5.体育类：体育爱好者或专业人士为大众提供与体育相关的有价值的内容，如赛事分析、技巧教学等。

6.游戏类：专注于分享游戏技巧、心得或搞笑内容。

7.职场或校园类：针对特定人群的需求和兴趣，提供职场技巧、教育资源或校园生活等内容。

8.母婴和早教类：为年轻父母和家庭提供育儿指导和资源，如教育方法、育儿知识等。

9.探索发现类：通过分享实用教程、新奇发现或独特视角的内容，满足观众的好奇心和求知欲。

抖音平台会为每个抖音账号打上特定的标签，这个标签是根据你发布的内容和互动行为来确定的。一旦被打上标签，抖音就会将你的内容推荐给喜欢此类标签的用户。这一机制对于提升流量价值至关重要。

这种标签机制使得流量更加精准和有价值。因此，你需要确保你的内容与你选择的标签相符，并积极与目标受众互动，以增强粉丝黏性和提高点赞率。同时，也要关注并利用抖音的推荐算法和流量池机制，以确保你的内容能够获得最大的曝光。

抖音审核机制

抖音的审核机制采取了机器与人工相结合的方式，以确保内容的质量和合规性。每一部作品从上传开始会经历多层的审核，直到最终进入热门推荐。

抖音通过其视频审核算法对上传的作品进行初步筛选。这一算法主要基于人工智能技术，可以对视频进行自动分类、识别和过滤。

抖音的审核算法与其他互联网产品有所不同。例如，早期微博的流量分配比较中心化，倾向于把流量向名人集中，而抖音则更加去中心化。即使是一位没有粉丝的新用户发布的内容，抖音的智能算法也会为其分配一定的流量。这种智能分发的机制考虑到了用户的位置、关注对象、兴趣标签等多个因素，确保内容能够精准地推送给潜在受众。

新发布的视频会根据其完播率、互动率等指标获得不同的流量扶持。如果一个视频在这些指标上表现良好，就有机会获得更多的流量，甚至一夜之间爆红。这种去中心化的算法给予了每个人平等的机会，使得每个人都有可能成为焦点，从而吸引了大量内容创作者加入抖音平台。

四个维度的推荐权重

抖音的推荐权重分为四个维度：垂直度、活跃度、健康度与互动度。

1.垂直度：垂直度指的是视频内容与目标粉丝群体属性的一致性。抖音作为一个推荐平台，若发布宠物类别视频并得到点赞评论，系统会认为喜欢此类内容的用户均为宠物爱好者，进而将作品推荐给更多宠物爱好者。如果这个账号第二天发布一条舞蹈类别作品，点赞评论可能就较为"惨淡"。平台的目的是将合适的内容推荐给合适的人，以此吸引更多人，如果每次给予流量均未产生良好效果，平台会判定流量分配存在浪费，进而减少推送，直至不推送。

2.活跃度：活跃度是衡量抖音平台发展规模的指标之一，即一天内持续稳定使用抖音的用户数量。账号保持优质内容输出，有助于提升平台的日活跃用户指标，进而就能获得平台的更多流量，最终登上热门榜单。

3.健康度：抖音期望用户长时间停留在平台上，健康度即用户对内容的满意程度。可理解为作品对用户的吸引力，这体现为用户观看作品的完整度。看一秒就退出与从头看到尾，对平台的贡献不同，平台自然更青睐后者。

4.互动度：当粉丝喜爱你的作品并花费时间留言，积极回应粉丝留言就能提高互动度，同时增加曝光机会。在精力允许的范围内，应多与粉丝互动。

叠加推荐

在抖音体系中，叠加推荐是一种重要的内容推荐机制。当一个新视频上传后，抖音的智能算法会为其分配大约 100 个 VV[1] 的基础播放量。这个初始的播放量是基于视频内容初步判

---

[1] VV（Video View），播放量，指视频被观看的次数。

断的，以确保大多数内容有曝光。

但是，要想获得更多的播放量，视频需要得到用户的积极反馈。当视频的转发量达到一定数量时，算法会认为这是一个受欢迎的内容，并为该视频加权，使其获得更多的曝光机会。这个过程会不断重复，每次转发的增加都会促使平台进一步推荐该视频。

举例来说，如果一个视频的转发量达到 10 次，可能算法会将其推荐给大约 1000 位潜在受众；当转发量达到 100 次时，算法会将其推荐给大约 10000 位潜在受众；以此类推，每次转发量一定幅度的增加都会使视频的曝光量呈指数级增长。

这种推荐机制是以内容的综合权重作为评估标准的。综合权重的关键指标包括完播率、点赞量、评论量和转发量等。这意味着在相同的转发量下，不同的指标可能会对视频的最终曝光产生不同的影响。

随着量级的增加，抖音的推荐算法会与人工运营相结合，以确保内容的多样性和质量。这种结合机制有助于解决机器算法带来的局限，确保推荐的内容更加精准和有价值。

热度加权

通过对大量爆火的抖音视频的研究，我们发现了它们具有一个共同点：这些一夜之间爆红的视频以及抖音推荐板块的视频，它们的播放量普遍在百万级别，并且综合数据表现优异，包括完播率、点赞量、评论量和转发量等。

这表明，经过大量用户的检验和层层热度加权，这些内容才得以进入抖音的推荐内容池，并接受数十万到上百万的大流量洗礼。在各项热度指标中，权重从高到低依次为：转发量＞评论量＞点赞量。这种热度加权机制有助于确保高质量的内容获得更多的曝光和推荐。

然而，热度权重也会随着时间的推移而发生变化。一条爆火的视频的热度通常只能持续约一周时间，除非有大量用户模仿和跟拍。因此，为了保持持续的热度，内容创作者需要具备稳定的内容更新机制和持续输出爆款的能力。

此外，抖音上的名人和头部达人会自动获得加权。这其实是去中心化算法中的一种中心化倾斜，以重点扶持高质量的专业内容生产。这种策略有助于保持平台内容的高质量和多样性，并吸引更多优质创作者加入抖音平台。

抖音小店的商业机会

即使你不专注于抖音短视频制作，开设抖音小店仍然是一个值得考虑的商业机会。目前，抖音小店在多个类目都有很好的销售表现，尤其是服饰、家居、日化、食品和农产品等。对于这些店主来说，只需将产品上架并适当进行界面的优化，然后联系与自己商品匹配的网络达人，或者通过星图平台进行合作。

实际上，在商家寻找网络达人带货的同时，网络达人也在寻找合适的产品。如果产品展示界面没有经过优化、没有开设小店或者商品没有评价，网络达人可能不会接受你的订单。但是，如果你能提供优质的产品并提供较高的佣金，网络达人甚至可能会在选品中心通过主动搜索找到你，愿意为你带货。

通过抖音小店，商家可以与海量的网络达人进行对接。对于网络达人来说，他们可能更倾向于接受来自有信誉的商家的订单，因为这样可以省去自己开店和售后管理的麻烦。因此，为网络达人提供合适的链接，有助于双方达成合作，实现双赢。

12

淘宝运营

淘宝是最早出现的
一种自媒体业态，

在当下这片红海市场，
如何闯出属于自己的一片天？

第 12 章

打造"真爆款"产品的策略

在淘宝平台上，大多数产品都在进行同质化竞争，这就是典型的红海市场。在这样的环境下，商家往往只能依靠价格战或大量推广来吸引消费者，导致利润微薄甚至亏损。在市场中获得有量有价的成功的关键在于创造差异化的优质产品，即所谓的"真爆款"。

要打造"真爆款"，首先要进行原创设计。但这只是基础，实际操作中涉及的环节极为复杂。原创设计需要经过市场研究、行业分析、开发、策划和营销等多个步骤，每一个环节都至关重要。在这个过程中，一个专业的团队是必不可少的，包括产品经理和营销策划人员。

市场研究是一门深奥的学问，这里我们无法详述。而行业分析则需要深入研究同类热销产品的表现，特别是季节性产品的销售周期、产品痛点和爆点等数据。只有对市场和竞品进行深入分析，才能进行全方位的产品升级。

　　"真爆款"的打造是对从前的爆款产品的一次升级迭代。这意味着要在原有成功的基础上进行改进和创新，以满足消费者的新需求。通过深入研究和精心策划，商家可以打造出真正意义上的爆款产品，在竞争激烈的市场中脱颖而出。

掌握爆款模型

　　市场上超过 90% 的产品都是同质化的普通产品，而其中销量较大的产品也可以被称为"爆款"，但为了与"真爆款"进行区分，本书将此类产品称为"伪爆款"。那么，如何将伪爆款成功地销售出去呢？这个问题或许能够解释为什么淘宝上大部分卖家只是陪跑的。

　　根据公式，销量 = 曝光 × 点击率 × 转化率，要想提高销量，需要在三个方面下功夫：曝光、点击率和转化率。用通俗的话来说，曝光意味着推广，点击率与主图设计有关，而转化率则与价格策略密切相关。

　　为了提高伪爆款的曝光率，卖家通常需要购买流量，包括使用直通车、钻石展位和站外推广等手段。然而，这些推广方式的成本往往较高。

　　要提高转化率，最简单的方法是采用低价策略。因此，"高

推广＋低价销售"成为伪爆款的典型特征。显然，很多伪爆款
在销售过程中都是亏本的。

　　有人可能会问，为什么在搜索某个产品并按销量排名时，
有些伪爆款的价格并不低，但销量却很高呢？这主要归功于另
一个重要的推广工具：淘宝客。淘宝客是一种通过支付第三方
佣金来引导站外买家购买的行为。这些流量背后的人群主要是
冲着店铺内隐藏的优惠券来的。减去优惠券金额后，商品价格
与白送相差无几。

　　许多商家利用淘宝客和其他推广手段来提高销量和排名，
但这种策略往往是以亏损为代价的。因此，要想在淘宝市场上
取得成功，仅仅依靠高曝光和低价策略是不够的。真正的关键
在于打造具有差异化的优质产品，以满足消费者的需求和期望，
从而实现有量有价的销售目标。

"爆款杀手"的策略

　　在前两节中，我们从技术角度探讨了如何打造"真爆款"
和"伪爆款"。前者对卖家团队素质要求较高，而后者只需投入
资金，过程相对简单。接下来要介绍的是第三种打造爆款的方
法，也被称作"爆款杀手"。这种方法投入产出比很高，但门槛

也是最高的。

各行各业中总有一些对技术痴迷的人，他们废寝忘食，力求突破。这些人可能是各个领域的顶尖科学家、科研人员。在电商行业，也有少数这样的顶尖运营人才，他们具备两大优势。

1. 这些顶尖运营人才具备强大的数据分析能力，能够在短时间内从海量数据中筛选出具有"真爆款"潜质的产品。他们通过分析转化率、搜索人气、商品加购、商品收藏等多条曲线，发现其中的规律，从而在极短的时间内找到具有爆款潜质的产品。

2. 他们拥有行业领先的运营技术，能够让产品后来居上，击败其他竞争对手。这些顶尖运营人才具备高效的运营策略和技巧，能够迅速提升产品的曝光量和销量，实现有量有价的销售目标。

需要注意的是，这种顶尖运营人才并不是普通公司能够聘请得起的。他们背后往往有一个资金雄厚的团队，能够为他们提供充足的资源和支持。同时，这些顶尖运营人才也需要争分夺秒，在最短的时间内找到并打造出爆款产品。

小卖家该如何做大做强

许多朋友向我咨询如何做好淘宝店，对于新手，我建议要慎重考虑，因为淘宝平台的竞争非常激烈，每个类目都有众多高手。如果你还是决定要做，以下建议或许能给你一些帮助。

1. **选择非标准化产品**：如服装、鞋帽等，这样有机会创造附加值，如果选择标准化的产品，如家电等，利润空间会相对受限。

2. **重视站内流量**：对于非大品牌的店铺来说，最宝贵的流量来自淘宝站内的关键词搜索排名，第一屏的展示效果极佳。

3. **突出卖点**：一个出色的产品卖点能够迅速打动消费者，击穿他们的心理防线，直击他们的需求痛点。

4. **消除顾虑**：研究同类产品的缺陷，并强调自己产品的优势，消除消费者的购买顾虑。

5. **讲述故事**：一个有故事的产品往往更能触动消费者的心弦。

6. **品质至上**：店铺的成功归根结底在于商品本身。商品的品质、外观设计和用户体验才是关键，而不是过度依赖营销技巧和"噱头"。

如何寻找货源

对于想要开淘宝店的人来说，寻找货源是首要问题。那么，是否需要囤货以及如何确定货源呢？下面是一些建议。

首先，最好的货源是工厂，可以分为以下几种情况。

1. 如果工厂老板是你的亲属或朋友，那么不仅能够保证货源稳定，而且能够控制品质，甚至进行设计研发以实现差异化竞争。

2. 如果你是贸易商，有合作良好的工厂，通常也能得到大力支持。

3. 如果你是设计师，拥有专利产品，那么工厂也愿意配合。

4. 如果你是小企业主，需要看工厂是否给予你机会。好货源通常不容易得到，而滞销货、二等品等低价产品倒是很多。

其次，线下批发市场和 1688 等线上批发平台也是常见的货源渠道。这些货源提供的大多是常规产品，竞争激烈，而且供应可能得不到保障。在这种情况下，除非是独具慧眼的买手，通过挑选款式来打造爆款并找工厂生产，否则很难脱颖而出。许多网络达人就是采用这种模式来获得成功的。

当下的淘宝个人店铺

在微博上，关于"现在开淘宝个人店铺是否仍有机遇，新店是否易于经营"的问题，我是这样回答的。

提问："尊敬的厂长，我主要从事皮具制作工作，钱包是主打产品。前几年，钱包市场相当火爆，我在 2012 年至 2015 年销售某品牌钱包。然而，由于错失了入驻天猫平台的良机，加之厂家不再授权个人店铺，我转而经营另一个自主品牌皮具，仍以钱包为主打商品。然而，自 2017 年以来，钱包市场逐渐萎靡，仅在节日期间略有销售。平日营业额无法弥补推广投入，可如果不推广，则流量更少。我感觉钱包市场已走向末路。前几个月尝试销售内裤，但销量难以提升。作为小卖家，我已经半年多没有收入了。请问厂长，目前还有什么行业的淘宝个人店铺仍有生存空间？"

回答："我时常遇到这类问题。淘宝个人店铺之所以经营困难，是因为它越来越像收银台，难以获得自然流量。如果你没有货源、粉丝或技术优势，盈利愈发艰难。要想在淘宝立足，技术、视觉和产品三方面必须达到一定水平。钱包市场并非无法开拓，身份证和卡片仍需放入钱包，谁说钱包只能装现金？女性也喜欢具有装饰性的钱包。另外，内裤销售不畅主要在于技术，此类行业依赖大量资金投入推广。

　　"如果你无法提升运营技术及视觉水平，可以考虑转向拼多多和快手平台。拼多多平台犹如另一个淘宝，流量成本较低，依靠活动带动销量。快手则是易于变现的内容平台，但需制作比抖音视频更下沉、更接地气的内容。

　　"最后我想问，你是否曾模仿过他人？优秀的卖家在初期必定研究过 100 家以上的店铺，从模仿到形成自身风格。每个行业都存在生存空间，有的依赖技术，有的依靠风格，还有的依靠粉丝。我不主张轻易更换行业，深耕细作才是关键。我个人擅长销售非标准服饰类，如衣帽鞋袜，创作空间和溢价空间较大。但缺点是从工厂采购需达到一定起订量，容易积压库存。若经营标准品，运营技术至关重要。"

淘宝和抖音，谁的算法更精准

　　淘宝平台流量可分为搜索与推荐两类。过去，淘宝成交的绝大部分订单依赖于搜索，用户自行搜索所需商品。随着用户基数的扩大，淘宝引入推荐功能，试图引导用户冲动消费。然而，此项尝试并未取得显著成效，淘宝推荐的商品要么是用户已购买的，要么是用户不感兴趣的。这并非算法精度问题，而是由于商家过剩，平台买家流量不足所致。

抖音的运营策略则相反，先以内容为核心，培养用户对内容的依赖，待用户基数足够大后，再引入搜索功能。目前，抖音在搜索领域的表现已经非常出色，然而，在搜索流量中最具潜力的电商领域，抖音为何始终未能崭露头角呢？

原因在于，抖音本质上是一个内容平台，电商并非其强项。相较于淘宝、京东积累了数年的经验、技术和人才，而抖音在电商领域还算新手。

抖音正不断加强电商部门实力。所有平台在初期都会经历阵痛，依托于抖音目前庞大的日活用户优势，渡过难关后，其有望成为电商行业的巨头。

淘系电商和抖系电商的区别

公域电商当前可分为四大类：淘系（大品牌集中于天猫，小而美的非标品集中于淘宝）、拼多多（以低价日用百货、服饰鞋帽为主）、京东（标准品、高客单价、优质物流）、抖系（兴趣电商）。其中，抖系增长最快，现已有大量淘宝卖家转战抖音平台。作为淘系十年以上的老卖家，我在实际运营过抖音电商后，发现两者差异较大。在此总结从淘系电商转型为抖音电商的误区和心得。

1. 精细环节增多。抖音运营需关注十几个重要数据指标，除直播电商数据、UV①、时长等，还需关注视频互动、完播情况。相较之下，淘系电商运营关注的关键指标较少。

2. 投放广告并不一定能见效。抖音平台注重内容质量，若内容不佳，投放广告也无法带来良好的效果。一些电商老板带着旧思维尝试直播，结果不到一个月便失败了。

3. 人和物都要重视。抖音电商仅凭优质产品不足以取得成功，主播、视频剪辑等因素对销量影响极大。对于同一产品，更换不同主播或剪辑方式，销量可能天差地别。

4. 要注重表演与娱乐。短视频或直播间本质是一些人进行一场表演，主播是演员，背后团队包括导演、编剧等。卖得好的往往是表演出色的，而表演出色源于扎实的排练。

5. 创意至关重要。在抖音平台，一个创意能快速带来免费流量。平台推广流量的机制会将一个创意无限放大。在淘系，创意能带来小而美的发展，但在抖音电商，创意却是翘动巨大流量的关键。

---

① 抖音直播数据 UV 指的是在某一时间段内，进入直播间的独立访客数量。

13

外贸和跨境电商

广阔的国际市场
是未来十年的机会，

如何运营好
外贸和跨境电商？

第 13 章

外贸和电商基础知识

相比国内电商，跨境电商运营的难度系数要低很多，因为系统的算法相对简单，平台规则严厉，人工干预的机会少。如果把淘宝平台的运营难度比作大学难度，可能亚马逊平台的运营难度最多是初中难度，如果说淘宝是"7分靠产品、3分靠运营"的话，那么亚马逊则是"8分靠产品，2分靠运营"。

然而，跨境电商也面临许多风险，特别是违规被处罚的风险。商家要避免钻空子，否则稍有不慎就会面临很大的损失，此外，海外库存滞销，也会面临高额的仓储费，一不小心就会血本无归。

在从事跨境电商之前，需要熟知以下外贸和电商基础知识。

1. 传统外贸：即我国企业为海外客户生产加工出口产品，以原产地委托加工（Original Equipment Manufacture，简称OEM，也称代工）为主。近年来，随着国内企业创新能力的提升，原始设计制造商（Original Design Manufacture，简称ODM）

和工厂经营自有品牌（Original Brand Manufacture，简称 OBM）的比例也在逐步增加。

2. 传统电商：以淘宝、天猫、京东、拼多多等平台为代表。

3. 新型电商：与传统电商有所不同，实质上是社交电商（如微商、微博、闲鱼、小红书等）、短视频电商（如抖音、快手）、直播电商（如抖音、快手）和二类电商（以信息流广告为主）等去中心化销售模式。

4. 跨境电商：在国外开设店铺进行销售，结合外贸和电商。提及此概念，可用"美国淘宝"作为类比，以便理解。主要平台包括亚马逊、全球速卖通、虾皮、eBay、Lazada 等，分为铺货模式和精品模式。前者品类众多，若运营得当，则销量可观。后者专注于一两个品类，适合深入挖掘，精益求精。

5. B2B、C2C、B2C、O2O 分别是什么？

B2B：企业对企业（Business-to-Business），阿里国际站、1688 等平台大多是这个模式，但目前也呈现出零售化的趋势。

C2C：消费者对消费者（Customer-to-Customer），典型代表为淘宝、拼多多等平台。然而，许多在此平台上的商家已实现企业化运营。

B2C：企业对消费者（Business-to-Customer），天猫、京东、亚马逊等平台大多是这个模式。

O2O：线上对线下（Online-to-Offline），是线上与线下融合的新零售模式，如美团、饿了么、盒马等。另外，许多生鲜团购业务也融合了社交电商与O2O模式。

6.无货源卖货：此模式通过跨平台大量铺货、一件代发，无须囤货。例如，在拼多多发现某商品价格低廉，可将其商品信息发至京东平台售卖。此外，还可将商品销往海外（跨境铺货模式）。部分软件能协助商家一次性上架大量产品。然而，此模式门槛较低，竞争激烈，且易引起平台反感，导致操作受限。因此，这个模式虽然可以作为入门之选，但很难实现盈利。

7.KOL：关键意见领袖（Key Opinion Leader）是一个营销学概念，通常指对某一群体购买决策具有较大影响的人。现泛指网络达人、自媒体主理人等。

8. KOC：关键意见消费者（Key Opinion Consumer），一般指能影响自己的朋友和粉丝产生消费行为的消费者。与KOL相比，KOC粉丝较少，影响力较小，但更为垂直、成本较低。国内许多微博、抖音、闲鱼等平台上的粉丝体量不太大的网络达人，以及微商等均可归为此类。普通人若无法成为网络达人，成为KOC亦是不错的选择，佣金收入也很可观。

一则风险案例

我的工厂依赖长期客户维持运营，过去十年中，小型客户更迭频繁，大客户很稳定。从 2018 年开始，我们与一位广东的亚马逊卖家展开合作，起初这家的订单量仅两千件，没有引起我们足够的重视。2019 年，他们的订单量激增至五六千件，对于我们来说，他们仍属小型客户，但 2020 年之后，他们的需求迅速扩大，达到数万件。这家公司的副总亲自访问工厂，表示将我们的产品列为重点，订单量暴增至二十多万件，占工厂产量的一半。

原本规模较小的工厂因此被迫扩产，增设厂房。尽管我的心中有些不愿意，但鉴于客户说如果我们这边不配合，他们要自行开设工厂，我们只得顺应他们的要求。实际上，这个卖家经营的品类众多，除了户外产品，还包括其他各类商品，总销售额达数亿美元，员工数百人。他们的高管声称他们还有上市计划。

然而，亚马逊封店风波令他们突然暂停发货，由于数万件商品中包含"好评返现"小卡片这种类似淘宝的促销手段，他们担心被查处而紧急调整包装，发货速度骤减。我们因此陷入困境，仓库中积压了数万件商品，每件价值上百元人民币，加上另外一家亚马逊大卖家也减缓了发货速度，价值近千万元的货被困在仓库。

　　幸运的是，当年年底开始逐步恢复发货，至今大部分商品已售出。然而，我们发现他们在亚马逊上开展价格战，原本售价 59 美元的商品降至 39 美元。我们为他们算了一笔账，即使不进行推广，每件商品至少也要亏损 3 美元。后来，他们几乎停止了订货。幸好我们还有其他客户，否则真的难以承受。这一波大起大落，让许多依赖一两个大卖家客户的工厂纷纷倒闭。

如何发现外国消费者的需求

　　首先，我们来探讨一个实质性的跨境议题，即各国消费者的审美差异。多数国内跨境电商卖家并没有对外国消费者的审美取向进行深入研究，然而，事实上，无论在国外购买何种类型的商品，外观都是至关重要的，尤其是要符合目标国家审美标准的外观。以鞋类为例，业内人士普遍都知道，鞋型主要可分为美楦、欧楦、日本楦，而消费者的色系偏好也各不相同，每个市场均有其独特偏好。然而，许多跨境电商卖家却未能洞察这一现象。服饰也是同样道理。我们只需略做研究，就可避免诸多不必要的花费。深入走访外贸工厂，与传统外贸业务员沟通交流，你将发现一个全新的世界。

其次，外国消费者也很注重性价比。我们过去常有一个误解，认为一些发达国家的消费者只追求商品品质。然而，实际上，大多数发达国家的人们，同样热衷于物美价廉的商品。他们或许会对外宣称追求质量，但实际上，他们对质量的要求仅限于"质量过得去"，而价格则是更关键的考量因素。我从事外贸业务多年，亲眼见证出厂价仅数十元的产品，在国外柜台售价可达数十美元，关税等支出相较之下只是售价的一小部分，品牌溢价才是售价的主要部分。在过去的几十年里，我们一直从事贴牌生产，直至如今自主品牌国货大量出海，外国人争相购买，我们才意识到他们并没有那么在乎品牌，性价比才是关键。我认为在未来，更多品类或将出现类似 Shein 这样的公司，并在全球范围内崭露头角。

新手与厂家打交道的注意事项

无论是做外贸、淘宝还是作为网络达人带货，与工厂打交道都是不可避免的。作为新手，与厂家打交道时需要注意以下几点。

1.品质控制：许多小工厂的样品看起来很不错，但大货的质量却不尽如人意。因此，与新工厂合作时，必须在生产过程中派人现场监督，确保品质。

2.货期把控：很多工厂不能按时交货，晚一周是正常的，晚一个月都是家常便饭。有时候销售季过去了，外国客户就不要货了。因此，要确保对货期有严格的把控。

3.售后处理：一些工厂的老板在遇到问题时会翻脸不认人。因此，事先要确保有明确的售后处理机制，以保障自己的权益。

4.客户保密：自己的客户信息要保密，避免被竞争对手获取。

5.防止抄袭：对于自己原创的款式，要特别小心工厂将设计泄露给竞争对手，确保产品的保密性。

6.防止断货：有些工厂会在你做出爆款后自己开淘宝店卖，甚至停止生产你要的货。因此，要谨慎选择合作伙伴，并确保有足够的备选方案。

当然，也有很多好的厂家是值得信赖的。他们重信誉、可靠，但往往非常忙碌。因此，新手在与厂家打交道时，要多加注意，避免陷入不必要的麻烦。

外贸询盘有哪些技巧

对于外贸新人，以下经验或许可供借鉴。在我职业生涯的前三年，我做得最多的三件事就是：回复邮件、参观工厂、优化图片和报价单。这一切的起点，便是询盘①。几个看似不起眼的询盘，有时能改变一个人的命运。因此，我反对采用模板式的询盘回复。大部分业务员仍倾向于采用这种千篇一律的模板，但试想一下，如果你是客户，在向工厂询价时，你会喜欢哪种回复？答案自然是那些走心的回复。

我将自己的经验总结为以下几点。

1. 知己知彼。首先，你必须对自己所处的行业和公司的产品有深入的了解，并对客户公司的背景进行提前调查。通过查看客户邮箱的后缀，你大概率会找到其公司网址。通过进一步查找，你可能会发现客户正在售卖竞争对手的产品。在此过程中，你要分析自身产品的优势、市场特点以及竞争对手的情况，并做好记录。如果在其公司网站上无法找到同类产品，说明你的产品可能是客户准备开发的新产品。此时，你需要突出你所在的公司在行业中的优势，让客户认为你是最佳选择。在撰写邮件时，如果客户公司专业性较强，你不妨表达对其公司的了解，并适度赞美。

2. 简短介绍工厂的资质。无论工厂是否属于你方，你都应介绍"我们的工厂"拥有哪些资质证书和验厂。特别是回复欧

---

① 询盘是买方或卖方为了购买或销售某项商品，向对方询问交易条件。在国际贸易的实际业务中，一般多由买方主动向卖方发出询盘。

美客户时要注意，他们非常看重这一点。

3.**"明星效应"**。每家外贸公司都有"明星客户"，如鞋类行业的 Clarks、GEOX、Coach、Aldo、Bata 等。在询盘回复中，我会如实告诉客户我曾与这些品牌合作过，以塑造自己的专业性。同时，我会表示我们更愿意与公司规模小的客户合作，帮助他们发展壮大。

4.**优质报价单至关重要**。我对公司业务员的要求是，报价单必须比竞争对手的质量高。图片格式须高度统一，最好是白底图。产品简介、规格明细、包装资料、装箱数据、MOQ（最小订购量）等信息一应俱全。最好还能加上适用场合及热销市场。简洁明了、一目了然是关键。

5.**充分利用在线视频**。平时，我们可将公司产品上传至线上平台。在发送邮件时，要附上相应产品视频的链接。邮件本身最好不要附带视频，以免文件过大而被退回。

此外，邮件标题也至关重要。在回复 B2B 平台上的询盘时，应尽量保留客户原有的标题，删除系统重复性字段，并加入重点信息，如客户邮件中提到的产品名、工厂等。

外贸人练习口语心得

在学习外语口语方面，我有一定的经验可供分享。早期从事外贸工作时，因语言障碍难以开口，于是我与一些在杭州的外国朋友交往，陪同他们游玩，初期我负担全部费用，后来则实行 AA 制。我与一位外国朋友曾一同前往中国香港，在那里度过了一周，在此期间，我的英文口语水平有了显著提升。如果你没有机会结识外国朋友，建议你多观看美剧，挑选自己喜欢的现代剧集，如《生活大爆炸》和《绝望的主妇》等生活情景剧。模仿剧中的对话，熟练掌握后，语感便会自然形成。避免选择时长较长的作品，要避开俚语和脏话较多的剧集。

此外，可以收集一些英文的名人演讲，背诵以提高口语水平。如果偏爱英式发音，可观看英剧。不必过分拘泥于语法，尽管我们在学校时曾十分重视语法，但实际上，日常口语和商务信函中，语法并不那么重要。一般以短句为主，较长的句子可用逗号分隔。在生活中，外国人对于语法的使用也较为随意，只有在正式场合，以及在商务文件、合同中才需要严谨。

14

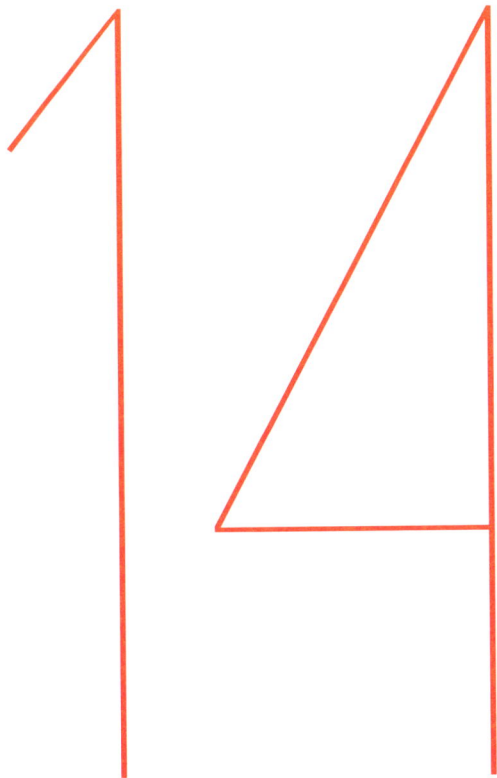

自媒体内容创作

打造个人 IP
是未来最值得投资的事情。

带你读懂创作流量爆款内容的
底层逻辑。

第 14 章

如何规划自己的人设

在自媒体领域，许多人对自媒体账号的人物设定存在误解，认为其形象必须高高在上，如成功企业家、高层管理人员或职场精英等。然而，实际情况并非如此。最受欢迎的自媒体人物设定都很"接地气"，他们就像身边的朋友、邻居或贴心伙伴。快手平台上的网络达人更是充满乡土气息。

面对光鲜亮丽的成功人士，大多数人会保持距离。因此，在创作自媒体内容时，人设应尽量贴近大众，具有亲和力。

关于网名选取，新人常常感到困惑。实际上，网名选取颇有讲究，可分为"高冷有意境"和"通俗接地气"两类。后者受众更广，适用于商业领域。一个好的网名（或网店名）是成功的一半，至少能节省一半的推广费用。在选取网名时，可遵循以下三个原则：简单、好记、定位明确。

1. 简单：字数尽量不超过 6 个字，便于记忆。有时候，表达出的内容越丰富，他人感知到的信息反而越少。

2. 好记：可以采用有趣的方式，如动物 + 数字、水果 + 数字等。数字可以是阿拉伯数字或大写形式。用字母命名也是不错的选择，如"giao 哥"。

3. 定位明确：如从事商品销售，可采用产品 + 哥（姐、弟、妹）的形式，如"螃蟹哥""纸巾哥""衣哥"；也可直接用一句话表明身份，如"买零食找 ××"，既好记又明确告知他人业务范围。

总之，网名应具备通俗、接地气等特点。另外，一定要避免使用生僻字。

从个人经历中挖掘素材

在写作和沟通中，生动的例子是至关重要的，它们能够帮助读者快速理解并消化观点。许多文章虽然内容丰富，但由于缺乏实例，读起来可能会让人感到吃力。我的文章中的话题常常跨度较大，这是因为我常常从多个角度举例，包括学术、城市、社会、职场和商业等领域。这样，不同行业的读者都能轻松理解。

我的个人经历是我最宝贵的素材来源。在工厂工作的几年中，我和一线的工人打交道较多，这让我学会了如何与他们进行接地气的交流。在外贸工作中，我写过数万封邮件，与很多外国客户洽谈生意。这段经历不仅锻炼了我的英语能力，也让我对西方文化有了更深入的了解，尤其是他们的冷幽默。

此外，我还在电商行业做过淘宝客服，与很多小企业主打交道。在忙碌的工作中，我耐心地回复各种问题，这也锻炼了我的耐心和应对能力。

回看我喜欢的那些博主，他们的文字都具有温和、有力的特点。他们言谈举止落落大方，给你的感觉就像在生意场上那些并肩多年的商业合作伙伴，豁达宽厚。我不喜欢那些遇到小问题就容易激动的人，但我明白，只有经历过各种挑战和困难，人的心态才会变得更加成熟和稳定。

持续输出有价值的内容

要想持续输出有价值的内容，首先需要明确自己的兴趣和职业方向。如果你对某个领域有浓厚的兴趣，那么你会更有动力和热情。其次，不断学习和提升技能也非常重要，可以通过参加培训、阅读相关图书、与同行交流来提升自己的专业水平。

在娱乐、体育、新闻等领域，由于其内容本身的特点，通常不需要过于担心持续输出的问题。而在其他领域，例如美食、情感、绘画、摄影、汽车等领域，则需要通过持续的创作和分享来获得更多的关注和认可。

　　总之，要想持续创造和输出有价值的内容，需要结合自己的兴趣和职业方向，不断学习和提升自己的技能，关注市场动态和消费者需求。有些人受职业所限，每天的工作内容都是重复的，那就要多发展兴趣爱好和拓宽视野，有了高质量的内容输入，才能稳定地输出。

可以反复讨论同一个话题吗

　　许多人做自媒体时容易陷入一个误区，认为已经分享过的内容不适合再次分享。但实际上，这是一个认识上的误区。

　　首先，一篇文章首次发布时，可能只有十分之一的粉丝看到。即使是使用粉丝头条功能，推广也只能覆盖一半的人。

　　其次，许多人首次浏览时可能会一扫而过，但如果再次看到，可能会认真阅读。这与在淘宝上购物有些相似。

　　再次，粉丝会有变化，从前的粉丝可能会离开，而新的粉丝会加入。一些人可能在结婚或生子后不再关注，但每年也会增加许多新用户。你之前的优质内容可能对新的粉丝来说是未知的，因此重发这些内容是有意义的。

最后，回顾过去可以帮助我们更好地理解现在和未来，这对读者和作者都适用。网友的评论和互动也可以帮助作者完善知识体系。下一次发布时，可以纠正上一次的不足。如果你在电商行业工作过，就会明白为何需要不断推广热销商品。对于自媒体来说，重发优质内容也是一样的道理。但是，过度依赖重发旧内容也是不可取的。对于已经发布的精华文章，重新分享的时间间隔应该至少为半年，我个人的经验是一年左右比较合适。

搭建无限素材库

在职业生涯中，无论从事哪种工作，构建自身的素材库至关重要，这将极大提升工作效率。在外贸领域，我会搜集各工厂的款式、模具及楦头参数，即便许多工厂自身并未整理，我也会自己赴厂测量，最终整理成中英文两套表格，以便客户有需求时我能够迅速提供。

在淘宝运营方面，我储备了一个内存很大的硬盘，存放了众多类目点击率最高的直通车图片，这些素材来源于各个讲师的分享，可以在我做设计时随时激发灵感。从事自媒体创作时，我会把喜爱的音乐收藏起来，方便随时调用。我还常常随身携带相机，以便捕捉精彩瞬间。许多人误以为制作视频耗时较长，实际上，5 ～ 10 分钟即可完成。

如果年轻人没有建立自己的素材库，那么从事任何工作都会感到吃力。针对因灵感枯竭而焦虑的网友，我推荐一个实用思路：在有无限素材的领域发展！许多人的创作仅限于有限素材，如剧情、脱口秀、宠物等，这类素材容易枯竭，且这类账号不易变现。相较之下，娱乐、美食、旅行、探店、穿搭、汽车等无限素材领域具有更大潜力。这些领域不仅素材丰富，还易于紧跟热点，如热搜、热门美食、打卡胜地等。同时，美食、探店、旅行等类别可直接带动消费，广告商甚至会主动上门。

还有一种形式是测评号，这类账号可在素材与带货之间取得平衡。而我认为最佳类型为卖货号，此类账号可直接变现，且创作成本低。只要确保商品质量，可随时更换售卖内容。

让用户更愿意点击你的内容

电商与自媒体，均以文字和图片为主要表现形式，二者均可融合内容、信息和情感。文字简洁明了，图片则相对抽象，具有较强的表现力。尤其在电商领域，一张优质图片的吸引力往往胜过千言万语。电商的视觉表现手法，颇似店招[1]，以海报为主，辅以文字。每个文字都须发挥实际作用，如"限时折扣""环保材料"等，避免冗余，关键信息应突出展示，每张海报的文字数量要控制在 7 个字以内，字体大方，清晰易读。

详尽的产品说明，可置于第三张主图之后或详情页下方；公众号、头条号、微博等自媒体侧重阅读体验，以文字为主，图片为辅；对于手机拍摄的图片，在上传前调整亮度和饱和度，效果更佳。

再分享一个提升阅读量的小技巧：多添加图片，因为图片权重高于纯文字，还可以在图片中使用引人注目的元素，加上小红圈，以吸引读者点击。此举有助于提高点击率，将内容推送至更大的流量池，让更多非粉丝群体看到，进而提升阅读量。

在 B2B 领域，主图"颜值即正义"，因为 B2B 竞争相对缓和，采购商更看重外观和款式。而在 B2C 市场，仅凭颜值不足以脱颖而出，美观的主图千篇一律，消费者更容易被其他元素吸引。猎奇、搞怪等方法往往能带来较高的点击率。

高点击率的图片，往往胜在一个"巧"字，其关键在于创意和差异化。以下是三个成功的案例。

1.有商家故意将图片做模糊处理，点击率比清晰的图片高

---

[1] 店招，指商店的招牌。——编者注

出很多。这是因为模糊的图片引起了消费者的好奇心，使他们更愿意点击了解更多信息。

2.一位高手在标品行业中使用了黑底图，与普遍使用的白底图形成了鲜明的对比。这种差异化的设计使他的产品在众多竞品中脱颖而出，点击率大幅提高。

3.一家商铺在宣传衣架时，将自家孩子挂在了衣架上。这种新奇和差异化的宣传方式不仅吸引了消费者的眼球，还突显了产品的质量。这种创意策略让他获得了不错的销量，并引来同行的模仿。需要注意的是，这类行为应慎重效仿，以免发生意外或造成违规。

如何让内容被疯狂转发

经过深入研究，我发现促使内容被转发的因素主要有四个。

1.诱因。某一特定情境或事物引发人们对相关经历的回忆或联想。例如，一首歌曲可能使人们想起某个人，要想提高内容的传播度，需要将其与人们喜爱的事物联系在一起。

2.情绪。感人至深的故事或经历往往能触动人们的情感开关，引发共鸣。曾有一条视频被广泛传播，题为"强者总是孤独的"。该视频讲述了一些著名艺人早年拼搏的艰辛，以及博主自己年少孤独的奋斗历程，表达了世间冷暖。真挚的人生感悟能够打动无数人，获得更多的点赞和转发。

3.模仿。互联网发展至今，模仿现象层出不穷。善于策划模仿活动，便掌握了流量密码。

4.实用价值。此类内容在自媒体排行榜上屡见不鲜，只要能为粉丝提供实用价值，便具备转发的潜力。

男性创业、女性美容、儿童教育、老年人健康是几大有实用价值的主题，此外，分享平凡却感人的故事，以引起共鸣，也具有较高的转发潜力，我们身边不乏此类例子。

成长篇

创业之路，
亦是成长之路。

成长之路，
亦是人生之路。

15

年轻人的择业与创业

选择适合自己的发展方向，
开启事业的起点。

第 15 章

如何选择第一份工作

我的建议是，对于第一份工作，锻炼的价值要大于工资收入。重要的是要在工作中修炼自己的本领，让自己变得更有价值。

毕业生应该从实际情况出发，选择那些锻炼价值大于工资收入的工作。对于大公司和小公司，我们可以分开讨论。小公司可能更容易进入，但通常不稳定。优质的小公司是存在的，关键要看老板的能力和人品，因为这决定了公司能够走多远。

对于大公司，我们可以关注其商业模式和可持续性。商业模式的好坏可以通过利润率来判断，这个信息相对容易获得。同时，也需要考虑行业竞争程度和发展前景，这些信息可以在网上大致了解到。此外，企业的现金流是否充足、人员效率以及产品的应用场景都是重要的考量因素。

针对不同的行业趋势，我们可以看到一些变化。在消费品和工业品行业，行业龙头企业往往更稳定。在互联网行业，大公司倾向于通过兼并收购来扩张。个性化时尚和服饰行业则可能出现许多小而美的企业。

对创业的认知

有人说普通人创业已经没机会了，但其实凡事要辨证来看。虽然各行各业都很难，但仍有许多年轻人选择创业，无论是实体店还是网店。如果你没有好的资源和技能，贸然进入市场可能成功的概率并不高。但是轻创业或寻找副业机会赚外快，仍有很多机会，只是大家不知道而已，这就是信息不对称。

我相信大部分人都知道微商、淘宝联盟，但应该只有很少的人知道精选联盟、好物联盟、优选联盟，这些其实分别是抖音、快手、腾讯视频号的选品平台。很多人不知道，其实购买微商产品的人和早期在短视频上购物的人，是同一批消费者。普通人只要学会拍摄和剪辑，利用一些引流方式将商品挂上购物车，就能在卖出每一单商品时获得一定比例的收益，这甚至比商家的利润还要高，而且几乎没有什么风险。

如果你能掌握选品的技巧和对应的引流方法，选择爆品进行销售，即使只有几百的播放量，也有可能带来几单销售，因此机会仍然有很多。

选择销售这类较锻炼人的工作

销售是最能锻炼人的职业之一。对于想要创业的年轻人，从销售工作入手是一个不错的选择。以下是一些销售工作类型。

1. 电话销售。我们日常中接到的推销电话就属于此类。电话销售工作很辛苦，需要经常承受客户的抱怨和指责。如今，随着人工智能的发展，这一领域也面临着激烈的竞争。

2. 地面推销，即挨家挨户地上门推销产品。这种工作非常考验人的意志力和耐力。不少成功的老板都曾从事过地面推销工作，我也在国外有过类似的经历。

3. 营业员或促销员。他们通常在实体店或商超工作。这份工作同样能够锻炼人的观察力和洞察力，了解消费者的需求和心理，提升销售技巧。现在，许多直播间也喜欢招聘有经验的营业员阿姨，因为她们具备与顾客共情的能力。

4. 电商客服。这更像一个服务岗位，主要职责是回答顾客的各种问题，但大多数客服的营销意识相对较弱。

5. 主播。在直播间里，主播通过与观众互动和讲解产品来达成销售目标。

6. 网络营销。它不是一个独立的岗位，而是由网店运营人员和设计师共同配合完成的。他们在网络平台上通过强化产品卖点、解决消费者痛点来提升销售效果。

7.外贸销售。这需要具备外语能力，以及对产品和行业有深入了解。工作内容主要是通过展会或 B2B 网站进行销售，等待客户主动联系。同时，也有一些外贸业务员选择主动出击，通过开发信或海外地推的方式寻找潜在客户。

年轻人的困境

许多网友分享了他们的现状和所处环境，他们认为自己没有机会，再怎么努力也是徒劳。由于家庭的责任和束缚，他们也无法轻易地改变现状。确实，在某些环境下，过度的竞争和压力会让人产生无意义感。

然而，我们也要明白，不同的岗位和行业有着不同的机会和挑战。只要认真努力，大部分工作都是有回报的。每个人所处的环境和自身的认知水平都有所不同，所以每个人的视角和观点都有其局限性。

如果你选择做自媒体，你就需要理解不同群体的需求和特点，就像电商需要千人千面地营销一样。通过自定义人群标签，我们可以筛选出目标客户，而不是期望所有人都对我们满意。如果我们每天都在重复同样的工作，没有任何进步，那么这种工作很容易被替代。真正好的工作应该注重能力和经验的积累，而不仅仅是薪资。

我们要警惕被网络舆论影响，不要以短期的利益为重，而忽略了长期的成长和能力提升。只有这样，才能在危机来临时保持生存能力。

找到自己的舞台

要想发展事业，首先，需要认识社会的本质，摸清社会运行的规律，并顺应规律行事。其次，要认识自己，找到适合自己的职业。在当今网络信息泛滥的时代，很多人认为创业容易而盲目进入，但能否获得收益还需要我们根据自身特点来判断。

社交型的人喜欢与人打交道，他们适合从事销售、采购、公关等职业。

数据型的人则更喜欢与数字打交道，他们适合从事各种互联网运营类的工作。

创作型的人善于用文字、影像等方式表达自我，适合在自媒体和新媒体领域发展。

表现型的人具有强烈的表演欲望和创造力，适合在演艺圈或网络直播领域大展身手。

领导型的人擅长组织管理，乐于指挥他人工作。

研发型的人善于钻研产品和工艺技术，对创新有着持续的追求。他们适合在科研机构或企业的研发部门工作。我个人认为研发型的人在未来最具发展潜力。尽管在制造业中，许多企业都面临着成本压力和激烈的市场竞争，但只有那些真正注重技术研发和创新的企业才能脱颖而出。

希望每个人都能找到属于自己的舞台，充分发挥自己的潜力和才华。

选择大城市还是小城市，大企业还是小企业

有些人在大城市学习技能后，会回到小城市发展。但需要注意的是，有许多工作岗位是只在大城市才有的，例如高薪的程序员和高薪的美工等职业。这些特定职业的从业者在小城市找到合适的工作可能会比较困难。

最适合去小城市发展的其实是从事服务业和做小生意的人。例如，杭州的富阳区和临安区以前是县城，虽然已经变为市辖区多年，但其商业发展与主城区相比仍然有很大的差距，住户们普遍抱怨这些地方的配套设施不足。比如，缺少多样化的商店、餐馆和外卖服务，一些在一线城市属于平均水准的品牌在这里会格外受欢迎。如果将这些品牌引入这些地区，并运用我

们在一线城市学到的互联网思维进行营销，可能会取得非常不错的成绩。

大企业通常比小企业更加稳定，因为它们的基础雄厚。然而，并不是所有大企业都稳健。例如，环球易购在短短几年内从零发展到百亿元规模，但随后却迅速倒闭。当我们分析其失败的原因时，会提到老板的决策失误、糟糕的供应链、市场变化及大企业病等问题。但根本原因是，它的发展速度过快。那些依赖红利期迅速壮大的企业，通常都存在这一问题。

国内的 BAT（百度、阿里巴巴和腾讯）一定很稳定吗？传统行业的兴衰可能要经历"三十年河东，三十年河西"的过程，而互联网行业的周期可能只有十年，甚至更短。

一场关于择业的讨论

知乎上有一个热门问题，是关于择业的——"月薪一万元在办公室上班，和卖炸鸡一个月赚三万元，应该选哪个？"大多数网友都选前者。其中一条高赞评论写道："一个收入高门槛低的行业→大量人涌入→利润降低到很多人不想涌入的水平→行业逐渐变得稳定，再也没有一飞冲天的现象。"

还有一个评论是："真心希望你能自己做点小生意试试。我曾经帮亲戚照看店铺，早上早早起床，开门、打扫并迎接客人。晚上如果有生意，舍不得关门。为了不影响生意，需要亲手维修电器、更换水龙头、修理马桶等。哪怕一颗钉子掉了，也要亲自去找。"

另一个评论说："很巧，附近有一家炸鸡店，开了 10 年以上，里面有两三个年轻的小伙子，一直在店里工作。这家炸鸡价格不贵，生意一直很好，但我相信老板肯定不是每天都在店里卖炸鸡的那几个小伙子。"

各行各业竞争激烈，小企业主是否真的如此脆弱？我想分享一下我的观点。如果办公室工作乏味无趣且无法学到新东西，我会选择炸鸡行业。作为一个美食爱好者，我会不断研究如何做出更好吃的炸鸡，实现产品上的差异化。更重要的是，我会把卖炸鸡看作事业起步的起点。

我在工厂工作过，所以开炸鸡店的辛苦对我来说不算什么。通过这个行业，我可以学到许多做生意的底层思维，比如选址、如何提升客流量、如何装修店面和确定目标消费群体。

一旦掌握了这些思维，我还可以结合互联网进行推广。我倾向于在三四线城市开展业务，因为那里"高手"相对较少。我可以利用抖音上的同城功能吸引本地流量，把炸鸡拍得诱人可口。如果我的店开始排队，这表明方案具有很高的可行性。

正如一位网友通过同城推广成功地发展了他的烧烤业务，

我们也可以借鉴这一模式。在排队热潮过后，我会聘请设计师设计一套漂亮的视觉识别系统（VI），并在自媒体平台注册蓝 V 认证。同时，我会继续拍摄并在抖音上分享排队的盛况，以吸引更多加盟商。

随着加盟业务的扩大，我的事业将逐渐形成规模。接下来，我将打造个人 IP，分享一位炸鸡店老板的创业历程，吸引更多粉丝和各行各业的老板关注。在这个过程中，我将逐渐建立起自己的社交圈子，整合各类资源，以实现更大的事业发展。

如何在奋斗中成长

"70 后"和"80 后"在成长过程中也许经历过饥饿，而"90 后"和"00 后"则大多没有这样的经历，他们自然可以选择更轻松的生活方式。奋斗就像一种基因，而不是靠舆论或他人的推动。如果一个人本身没有事业心，强迫他去奋斗是没有用的，反而可能导致他对施压者产生反感。

一般情况下，什么会激发普通人的事业心？

首先，巨大的刺激可以激发事业心。例如，当一个人遭受重大打击或刺激时，如相恋多年的女友离他而去，转而选择了富有的新男友，这会成为一个强烈的动力来源。

其次，氛围也是重要的因素。在一些特定行业、企业和城市中，存在一种奋斗和进取的氛围。例如杭州的四季青服装市场，那里有许多年轻人忙忙碌碌地工作，义乌的北下朱村和深圳华强北等地也有类似的氛围，这种氛围能够感染来到这里的每一个人。

16

不再“躺平”

第 16 章

可以“佛系”，
不要“躺平”。

保持年轻心态

有些人年纪轻轻就"未老先衰"，而有些人退休后依然精神矍铄。我的父亲在退休后也一直在忙碌，甚至在做手术之前还经常开车 200 多公里来到我的工厂。

我们公司年纪最大的一位客户是来自英国的杰瑞，他在 92 岁时第一次来到我们公司，第二次是 94 岁。他第一次是去上海，第二次是去杭州，都是自己坐高铁，一个人住在宾馆。

还有一位客户，也是在 90 多岁时来到我们工厂。工厂的会议室在二楼，没有电梯，他是自己一步一步地走上来的，并且步伐稳健。

在一些老龄化严重的国家，许多老年人到了 80 岁还在开出租车，他们精力充沛、精神抖擞。相比之下，有些人明明还很年轻，但眼睛已经失去光芒，看上去已经像年迈的老人。

年龄并不是衡量一个人是否年轻的唯一标准，而是要看他的心理状态和身体状态。无论年龄多大，只要心态和身体都保持年轻，那么他就是真正的年轻。

重视自己的内心感受

对于许多大型企业的员工来说，起早贪黑地工作可能只为完成绩效指标，内心往往并不开心。我认为，努力拼搏更多的是一种工作氛围，如果你热爱这份工作，并且有丰厚的收入，还能在工作中不断学习成长，会很愿意融入这种氛围。

如果你不喜欢一份工作，内心有抵触情绪，那么在 8 小时的上班时间内，你真正工作的时间可能只有 2 小时。相反，如果你热爱一份工作，即使你只工作 6 小时，你的效率也会非常高。我很羡慕那些有良好工作氛围的公司，以前我创办的公司也有过这样的氛围。但现在，随着大家赚到了钱，生活稳定下来，生活安逸了起来，那种努力拼搏的氛围也消失了。因此，我想开创一份新事业，重燃那种拼搏的热情。

如何走出内耗

我发现，许多在大企业工作的人容易受到"人际关系内耗"

的影响。他们花费大量精力在处理人际关系上，试图讨好上级
或应对办公室的复杂斗争。这种情境有时甚至比电视剧《甄嬛
传》还要精彩。

然而，我没有经历过这样的问题。我一直都在小公司工作，
因为员工数量较少，人际关系相对简单。创业后，我的工作状
态变得更好了，人际关系也变得更加纯粹，与人的交往主要是
基于商业利益。

当很多人问我为什么总是精力旺盛，能够做很多事情时，
我告诉他们这可能是因为我避免了这种"精神内耗"。

很多时候，我们感到痛苦和压力，主要是因为还没有领悟
到一些关键点。当我们工作不顺、生活琐事缠身或事业陷入瓶
颈时，如果能打破思维的限制，就会豁然开朗。这种领悟和觉
醒能够让我们更好地应对生活中的挑战和困难。下面分享一些
我的个人感悟。

1. 努力工作是必要的，但仅仅努力工作，收入一定是有限
的。在从事外贸业务的初期，我每天都写几十封邮件，但几年
的努力并没有给我带来太大的收入变化，真正的转折点在于学
习、思考和整合资源。通过学习和沟通，我了解到客户真正需
要什么，并据此开发了满足他们需求的产品。同时，通过整合
资源，我们可以最大化地发挥自身优势。

2. 疑心病重的老板很难成事。如果你不信任别人，那就只

能自己做所有的事情。我曾经吃过亏，所以一开始对谁都不信任，导致自己非常疲惫。后来，我恍然大悟，决定信任和放权，这是我第一次真正地开窍。

3. 让专业的人做专业的事。把自己不擅长的业务外包，是我第二次开窍，于是我决定将工厂交给副总管理。

4. 老板要懂得分红。用分红的思维替代发工资的思维，用合作的思维替代雇佣的思维。这样公司不但有活力，还能自主运转。

5. 关于产品，对于初创公司来说，与其什么都想做，不如专注于一个点。在产品上做减法，在营销上做加法，这让我迎来了公司的第一次爆发。

6. 藏着掖着不肯分享，会阻碍个人的进步。相反，愿意分享的人会持续取得进步，因为他们不断获得反馈、信息和新的观点，从而可以不断更新和提升自己。

7. 我曾经长时间停留在自己的圈子里，比如外贸圈、电商圈和产品圈，这导致我的思维变得僵化，无法接触新的想法。然而，与其他圈子的人交流和碰撞，能够为我的主业注入新的活力。

如何开窍？多与高水平的人交流是关键。首先，你需要基于大量的实战经验进行总结，同时与更多认知水平较高的人进行深入的交流和思维碰撞。其次，阅读也是开阔思维的重要途径。我通常在独处、阅读或受到他人指点时获得灵感。现在，我已经建立了一个生意人圈子，人们经常向我请教问题，也分享他们的观点和经验，这让我不断获得新的知识和启示。

真正"躺平"的人会很空虚

对比十年前，现在更多人选择"躺平"，主要基于以下原因：一是随着物质生活的丰富，人们对于基本需求的满足程度提高了，不需要再像过去那样努力工作才能满足生活需要；二是廉价的快感更容易获得，例如通过社交媒体、短视频等平台来消磨时间；三是年轻人对于工作环境和福利待遇的要求更高，不仅仅追求经济利益，而是更加注重工作与生活的平衡。

年轻人选择"躺平"并不是因为懒惰，而是对于现有社会状态的一种反应。他们希望能够摆脱传统的社会观念和价值观念的束缚，追求自由、个性、多元化的生活方式。同时，随着经济和科技的不断发展，社会也提供了更多的机会和条件让年轻人可以实现这一目标。

更重要的是，现在人们的生活条件比十年前提升了不少，现在的人们更希望做自己喜欢的事情，这与懒惰与否无关。

在这种情况下，企业应该重新审视现有的人才培养和管理模式，根据时代变化进行调整和创新，以提高年轻人的工作积极性和创造力。同时，年轻人也应该理性看待"躺平"现象，不盲目跟风，要明确自己的目标和追求，积极寻找适合自己的发展道路。

"躺平"和进取心不矛盾

未来的发展趋势是"躺平"和奋斗并存。"躺平"的人选择放弃过度竞争，追求内心的平静；而努力奋斗的人则更加努力地追求成功和财富。这两种选择都应该得到尊重。

在过去物质匮乏的时代，实体店商品的价格很高，购物和享受美食都需要花费大量的金钱。然而，随着经济的发展和科技的进步，现在的一般商品已经变得相对廉价了。网购和直播等购物方式的出现，使得许多商品的价格变得愈发便宜。美食也变得更加丰富，商家们也在不断地推出各种优惠活动来吸引消费者。

对于那些追求一时精神满足的人来说，短视频、游戏和网络小说等可以帮助他们打发无聊的时间。感情生活中，也有各种主播和虚拟角色来陪伴他们。当人们觉得自己的需求得到了满足时，他们的欲望自然会降低，从而选择了"躺平"的生活方式。

　　然而，拼搏事业的人则更加努力地追求成功和财富。随着市场的竞争加剧，要想在各行各业中获得成功变得更加困难。高水平的物质生活仍然很昂贵，比如买房、孩子教育等都需要足够的资金支持。因此，那些对物质欲望比较强烈的人仍然会选择努力拼搏，追求更好的生活。

　　每个人都有自己的选择和自己的生活方式，我们应该尊重他们的选择，同时也应该关注社会的发展和变化，为未来做出更好的规划和准备。

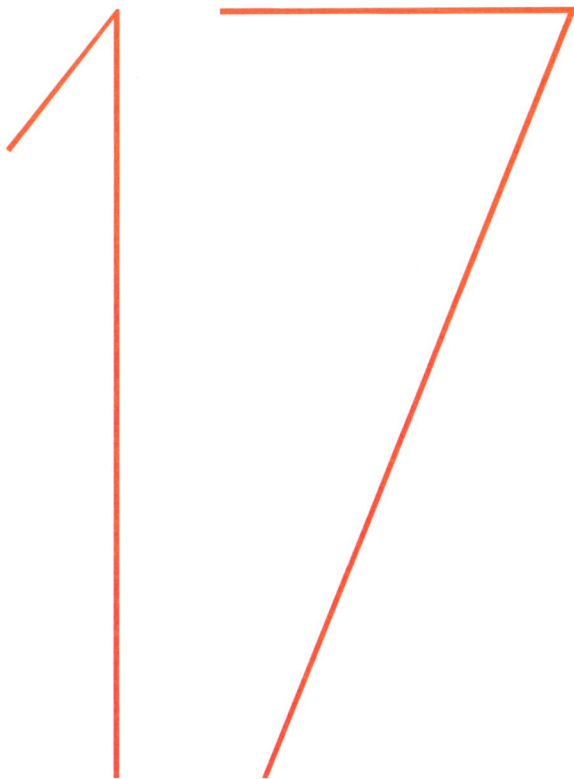

17

社会经验

看人间冷暖，
观社会百态，
是生意人不可或缺的修炼。

第 17 章

跌爬滚打中总结的人性经验

　　"老实人"是如何一步步走向沉默的呢？在我们小时候，有些同学常常喜欢嘲笑或者捉弄一些不反抗的"老实人"。而"老实人"在这种环境下，只能默默忍受，逐渐变得沉默。

　　有些人为了追求利益，不择手段地利用和背叛他人，他们可以轻易地出卖朋友和合作伙伴，而对于那些曾经帮助过他们的人，他们也毫无感激之情。这些人就像墙头草一样，随风摇摆，没有自己的原则和底线。

　　然而，在这个世界上，总有一些人能够坚守自己的原则和底线，他们不会因为别人的欺负而放弃自己的尊严，也不会因为利益的诱惑而背叛自己的信仰。这些人虽然平时不张扬，却是我们生活中最值得信赖的朋友和合作伙伴。

　　在我的朋友中，写书哥是一位非常厚道的人。几年前，我帮他转发微博，他的粉丝数量也因此增加，后来他一直都以实际行动支持我，回报我的帮助。在过去的两年里，我们各自专注于自己的领域，互动也渐渐减少。我喜欢这种淡淡的交往方式，不需要过于亲密，保持适当的距离可以使关系更加美好。即使现在我们的交流不多，但我相信，一旦我有需要，他依然会毫不犹豫地站出来帮助我。这种不言而喻的感情，就是君子之交。

远离赌博

很多人羡慕那些赶上了行业红利期的人。但我可以很负责任地说，我见过的大部分一夜暴富的人，都会迷失自己，很快返贫。真正长期拥有财富的人，要么是靠厚积薄发且犯错少，要么就是从低谷奋斗起来的，都不是轻轻松松就取得成功的。

我认为，炒股对大多数人来说就像赌博。我自己也炒股，但我只用一小部分资金去炒，不会把身家都赌上。大家一定要明白，财富不会迅速降临，钱不是从天上掉下来的，不是靠运气，而是通过勤劳、智慧和技术获得的回报。

靠运气得来的钱，就算你得到了，也会很快输光。我刚入行做外贸业务员时，肯接我们单子的工厂很少，我们又不想自己开厂，于是我们开始有意扶持一家刚起步的小厂。

小厂老板 G 总，来自萧山，三十出头，只有初中文化，但人很热情，经常来我的公司。他曾说："把我们的工厂当成你们的生产基地吧。"我们给他的订单价格也很优惠。在差不多半年的时间里，他把生产线的产能扩大了一倍，每天生产1000多双鞋，这在十年前是相当不错的。

可惜的是，G总后来被他的"狐朋狗友"带进了赌博圈，从此沉迷其中，慢慢地输掉了自己的工厂。我们公司也因此受到了影响。

学会识人

对于如何快速判断一个人是否可靠？其实方法并不复杂。首先，要观察他是否能够持续认真地对待工作；其次，要了解他周围的人对他的评价；最后，观察他的实际表现也是非常重要的。俗话说得好，"是骡子是马拉出来遛遛"。有些人本质上只是空谈家，他们表面上似乎无所不知，实际上却什么都干不成，而且往往自我感觉过于良好。也有一些人习惯于通过贬低他人来抬高自己，或者通过不断否定他人来寻求存在感，这样的人在我们周围并不少见。

我的工厂里曾有位技术师傅阿华，他初次应聘时，衣着破烂，境况十分窘迫。他从基层工人开始，经过工厂一步步的培养，最终成为技术骨干。一开始，厂里的老师傅并不愿意教他，但在我的劝说下，老师傅终于同意传授他技术。老师傅退休后，阿华承担起了重任，我也越来越重视他。在他丢失手机时，我送他一部新手机；在他生病时，我送他甲鱼补身体。十年前工厂付给他的月薪已达一万元，但我依然觉得值得。然而，后来厂里的一半员工都是他的老乡，他们拉帮结派。阿华也被一家外贸公司挖走，对方给了他更高的工资和股份。那年春节后，他带着厂里一半的工人离开了，工厂一下子陷入了瘫痪。

我遇到了很多类似的人。很多我亲自培养的人才，都出去单干或者跳槽，成了我的竞争对手。一开始我感到痛心疾首，觉得这种人简直是"白眼狼"。后来我释怀了，我培养了他们，他们其实也在一定阶段回报了我，如果我想要他们长期为我打工，我是需要给他们提供足够的回报或者发展前景的。

现在，我仍然更倾向于招聘那些只身离开故乡、吃苦耐劳的员工，因为他们的工作效率往往比大多数人高出很多。但我也因此开始提前准备，如果对方确实优秀，可以考虑将其发展成股东或者合伙人，以避免未来产生不必要的损失。

广交朋友

步入社会后我们就会发现，纯真的友谊是很难得的。在职场上，同事、上下级、同行之间的关系常常以利益为纽带。即使是创业伙伴之间的友谊也难以持久。但是，如果我们能够真心对待他人，理解他人的感受，那么他人自然也会对我们以诚相待。

在商业领域，我有一个重要的原则：钱要一起赚。我们应该避免随意指责他人，要多关注他人的优点，寻求合作机会，而不是树立敌人。即使是竞争对手，也很少有人会撕破脸皮，反而会互相借用资源、下订单。在广交会上，竞争对手共进晚餐是非常普遍的现象。

为什么商人之间很少反目成仇呢？因为他们深知和气生财的重要性。在商业领域，资源是最关键的，包括货源、渠道、信息等。当我们需要帮助时，通过朋友的介绍往往比我们自己寻找、四处碰壁更加有效。

一位成功人士曾经说过："多与身边优秀的人交朋友，不要诋毁他们，因为优秀的人未来会更加优秀。"我们应该明白，对于我们来说困难的事情，对于一些人来说可能轻而易举。请牢记：人在江湖真的离不开朋友，朋友多了路便宽广。

出门靠朋友，对此我深有体会。三年前，我开始写微博，当时是"光杆司令"一个，甚至到现在我身边都仍鲜有人知道我从事自媒体工作，仿佛现实与网络是两个平行的世界。我在互联网上的影响力发展，靠的是众多朋友的鼎力相助，尤其是来自微博的朋友们。我从事自媒体以来所有的合作伙伴、供应商都来自网友的推荐或介绍。作为现实中与无数工厂打过交道的生意人，我深知网友提供的货源与我自己从展会或阿里巴巴上找来的货源最大的差别在于服务和质量的把控。在网络上，我敞开心扉，分享了许多商业经验，赢得了网友的信任。而信任是相互的，他们也为我提供了值得信任的帮助。在这里我想对这些网友们说：你们都是我最好的朋友，我内心充满感激，谢谢你们！

做生意靠人缘，最后分享两句我认为非常重要的心得。第一，伸手不打笑脸人。如果你得罪了谁，不妨主动释放善意，这样对方的敌意也会消退，说不定未来还有机会合作。第二，买卖不成仁义在。哪怕这次没有合作成功，不要抱怨，给彼此留个好印象，没准下次就成了。

多思考，少抱怨

我对现在许多人满口"丧气话"的现象感到不满。这个现象不仅出现在上班族群体中，也出现在一些小企业主群体中，许多电商企业主也在抱怨没有以前好赚钱了。我曾进入几个这样抱怨的商家的店铺，查看他们的后台数据，发现他们的主图点击率只有2%，而行业的平均水平是4%，优秀者甚至可以达到12%。其实只要他们把主图点击率提高到行业平均水平，销售额不就可以翻倍了吗？

再看他们的五张主图，要么不齐全，要么重复堆砌。再看详情页，差图放在前面，好图放在后面。有一位老板说他喜欢先苦后甜的感觉。他不知道这样会导致跳失率高、转化率低吗？如果按照优秀同行的布局来修改详情页，销量不就可以再次翻倍了吗？这些卖家如果不淘汰，消费者购物能舒服吗？

人最喜欢相信自己想听的话

许多企业主到了一定年龄后，往往自我感觉良好，他们只喜欢听到好消息，重用那些只报告好消息而不报告坏消息的人。随着时间的推移，他们与基层员工之间的距离越来越远，这是非常危险的。

我经常与车间师傅和同行的员工聊天，他们都有我的微信。最近在与他们交流中，我了解到了许多令人震惊的事情。因此，我想提醒各位企业主，要多听取基层员工的意见和建议，否则你永远不知道身边的人的真实想法和意图。

为什么我们不幸福

我的创业之路，是从杭州郊区的一个小山沟里开始的，那个地方很偏僻，但房租很便宜。附近有个小镇，叫长乐镇，镇子很小，可能不到一万人。虽然小镇不大，但各种业态倒是齐全，小商店、小超市、小饭店，大家彼此之间没有什么竞争。小镇上有一家小饭馆，菜烧得特别好吃，尤其是他们的特色菜——河蚌煲。他们选的是个头比较小的河蚌，切成一丝丝的，再配上韭菜和鲜虾，煮成奶白色的汤，味道真是奇鲜无比。

开厂四年后，为了交通更方便，我们搬到了一个更大的厂房。搬走后，业务很快蒸蒸日上。又过了五年，我们决定回到老厂看看，找找回忆。我带着一些老员工回到了原来的地方，转了一圈。自从我们离开后，厂房一直空着，没什么看头。之后我们又去了长乐镇，没想到镇名竟然改了，从长乐镇变成了长乐村。你们听说过行政区划降级，从镇变村的吗？这里就是。环顾四周，从 2007 年初来这里，到 2016 年故地重游，竟然一点变化都没有。相比之下，杭州其他地方都发生了翻天覆地的变化，这里还是老样子，发展很慢，所以降级了。

但是，这里的村民给我带来了一种"平静的震撼"，这种感觉我平生只有一次。他们的生活没有变化，因此他们的幸福感是最强烈的。他们的脸上没有那种为生计而慌张的神情，而是悠然自得地过日子。当我再次去那家小饭店品尝那美味的河蚌煲时，老板娘满面笑容地迎接我，仿佛五年时间并未过去，我们还是像老熟人一样。这或许就是小村子的好处，每家每户都差不多，没有过多的欲望，简简单单地过好每一天。

相比之下，当我们回到城市中，一切都变得不再淡定。身边的人、同行们一会儿在参加这个活动，一会儿又在推出爆款产品，每天的竞争都像在打仗。身边的亲戚朋友们也经常有人因为拆迁而获得巨额财富，朋友圈里更是天天有人晒自己买房买车的照片。

回到公司后，我同样无法静下心来。各种社交活动、供应商和客户应接不暇；当我来到网上想放松一下时，却发现到处都是成功人士的炫耀，对比之下我的心里很不是滋味；在与孩子同学的家长聊天时，他们谈论着给孩子报了多少个补习班，仿佛所有家长都在参与一场竞赛，这让我感到非常焦虑。

让我的心态发生变化的是我父亲病重，我在医院陪护了好几个月的经历。我看到了许多生不如死的病人以及亲人生离死别的痛苦。这些见闻让我意识到生活中的幸福和健康才是最重要的，其他的都是过眼云烟。多看看那些不幸的人们，我们会更加珍惜自己的生活，心态也会变得更加平和。

18

成长心法

在成长中修炼良好心态，
才能在竞争中
脱颖而出。

第 18 章

决定人一生的五样东西

第一是家庭，家庭对人的影响是深远的。在人生的前二十年里，父母的影响无处不在。

我的父母是国企和中外合资企业的员工，他们的工资不高，所以有更强的忧患意识。我妈下乡当过知青，吃过苦头，后来回到城市进入国企工作。在 20 世纪 90 年代的下岗潮中，她有预见性地自学了大专学历和英语，从而成功避免了被淘汰的命运。但在工作期间，她因为个性耿直总是被人欺负，后来选择了辞职并开了一家打印店。一开始生意很好，但后来遇到了不合适的合伙人，我们家经历了一次从"天堂"到"地狱"的巨变。不过，经过了这次打击，对于一般的困难和挑战，我们都能轻松应对。

第二是所在城市的影响。如果身在杭州或深圳这样的城市，即使你不打算经商，环境也会推动你去尝试。在北京、上海和广州这样的大都市，机会虽多，竞争也非常激烈。而一些在北方和西部的城市，由于竞争氛围没那么浓厚，人们对于机会可能没那么敏感。

第三是伴侣的选择。确实，有些人天赋异禀，能够单打独斗取得成功。但我们观察到，更多的人是通过相互协作取得成就的。现在很多人把伴侣称为"队友"。夫妻对彼此的影响是多方面的，包括但不限于：事业观、理财观、心理上的相互包容和慰藉。很多人台前的风光，其实是靠幕后有一个给力的伴侣支撑的。

第四是行业的选择。我最初从事的是大家不太看好的、被称为"夕阳行业"的鞋类制造业。这个行业虽然工作很累，但它给我最大的帮助是让我积累了产品知识和市场经验。随后我进入了外贸、电商和跨境电商行业，并逐渐展开业务，如果没有之前的产品积累，我在初期的探索中可能会像无头苍蝇一样迷茫。当然，我所选择的行业比较传统，如果你身处其他行业，可能会有更多不同的经验和机会。

第五是朋友。大约从 20 岁开始，朋友对我们的影响会超过家庭。我的人生受到了朋友很大的影响。他们对我的思维、视野和态度产生了深远的影响，成为我成长中不可或缺的一部分。在后来的岁月里，我结识了许多志同道合的朋友，他们给我的工作和生活提供了许多宝贵的建议和支持。

努力也分很多种

我记得以前读过一篇文章，它提到努力其实也是有多种类型的，每种类型都有其限制和天花板。作为一个从工厂出来的人，我深有体会，在此分享其中的观点。

第一种类型是出售劳动力。无论是在工地搬砖还是坐在办公室工作，基本上都是出售自己的劳动力。工薪阶层大多是通过付出劳动力来获得报酬。

第二种类型是出售商品。销售商品，从而提供商品的使用价值。这个层次的典型代表是个体户。

第三种类型是依靠商业模式。如果个体户想要进一步扩大规模，必须有一套成功的商业模式，能够让别人为他工作，而不是自己疲于奔命。

第四种类型是出售资源。这已经超出了普通人的能力范围。除此之外，我还想补充一点：懂得顺应潮流是非常重要的，这比努力重要一百倍。奋斗的前提是有清晰的规划，能够看到前方的道路。这样你不仅可以持续创造价值，还可以抓住各种意想不到的机会。那些不努力的人，怎么可能有机会呢？或者说，他们根本就没有做好迎接机会的准备，即使机会就在眼前，也会视而不见。

多多尝试

我热爱尝试新事物，主要是为了避免让自己轻易受骗。过去，我投身于工厂的工作，而将电子商务外包给代运营公司。然而，我被他们欺骗了，损失超过一百万元。愤怒之下，我决定亲自进行电子商务运营，并成功做到了同业中的领先水平。

在那之后，我决心要自己搞清楚所有事情。在真正明白之后再请人来执行，这比在不了解行情的情况下请人做要节省数百万元。现在，许多传统企业都开始涉足电子商务领域。有些运营公司会遇到不懂行的老板，然后利用这一点来欺诈他们，通过营销推广等手段轻松赚取巨额利润。真正出色的代运营公司要么会选择创建自己的品牌，要么会选择为大品牌服务。

我也会问自己为什么要涉足如此多的不同领域，比如做鞋、卖衣服和美食。专注于一个领域不是更好吗？然而，这是我性格中的一部分，我喜欢尝试新事物和深入研究各种领域。虽然我永远无法成为某个行业的巨头，并经常被同行嘲笑，但这种做法在客观上帮助我分散了风险。如果我过于依赖单一业务，现在的处境就会困难得多。

在工作中，我们应该保持"学徒"的心态，不要自以为是。相反，我们应该在初入职场时将自己置于一个学徒的位置，虚心向周围的老师傅学习。更重要的是，我们要向取得实际成果

的人学习，并学会分辨哪些人是真正有能力的，哪些人只是在
吹嘘自己。

如何在激烈的竞争中脱颖而出

很多人总是谈论"激烈竞争"这个话题。其实，在中国，
只要是相对公平的行业，都存在激烈的竞争。这就像做生意一
样，普通人能做的生意往往竞争激烈。如果你想获得更多的利
润，就必须付出超越大多数人的努力，这是不可避免的。

我发现有两种人往往能够在"激烈竞争"中脱颖而出。一
种是靠自己的外貌，但不是单纯的美貌，而是具有某种独特的
气质。某酒厂老板尝试通过短视频进行宣传，请了很多模特，
但效果不佳。直到他请了一位来自农村的大叔。这位大叔有着
灰白的头发和一脸皱纹，看上去经验丰富，在视频中演绎出了
大家对"匠人精神"的想象。这个账号一下子就火了。

还有一个例子是卖字画的老师。他虽然不是书法家，但很
有书法家的气质，字画卖得特别好。当然，这些字画并不是他
本人的作品。

另一个在"激烈竞争"中胜出的方法是发展交叉技能。例
如，有一位外贸销售员选择脱产去学习设计，学成回来后他既

了解市场和产品，又能自己进行开发。客户们都追着他寻求合作。同样，电商运营人员如果掌握了设计技能，就不需要每天与美工人员因为沟通不顺畅而争吵。这种具备视觉能力和营销能力的通才极为稀缺，企业都争相聘请他们。

情绪稳定的重要性

现代人很容易感到焦虑，但其实要摆脱焦虑并不难，关键是要让自己忙起来，让生活变得充实。但这种忙碌应该是有意义的，能够给你实时的正反馈或回报的。

比如，努力做好本职工作或发展副业，可以带给你金钱上的回报。

如果你希望获得技能上的回报，可以选择学习一门可以变现的技能，这样不仅能提升自己，还能为未来的职业发展打下基础。

如果你想获得流量回报，可以考虑将自媒体作为副业。但要注意，不要只是不停地刷自媒体，这样很容易焦虑。相反，你应该成为掌控自媒体的人，而不是被自媒体所控制。

谈到情绪稳定，很重要的一点是能够听得进批评。在我的员工中，就有几个人因为我的批评而离开。新人在工作上难免会有各种不足，一旦我发现，我会直接指出来。然而，有些人内心比较脆弱，会接受不了，甚至会选择在几天后辞职。所以我现在都是采取先夸奖一通、再委婉批评的方式，这样做效果好了很多。

　　然而，那些真正做得好、不断进步的人，恰恰是希望别人指出自己的缺点并努力改正的人。他们一步步地改进，最终变得强大。

正反馈的重要性

　　正反馈对于保持动力和积极性非常重要。以前，我在微博上只是个"小透明"，很少与人互动，所以到了 2018 年的夏天，我觉得没意思就停止了。一个月后，有网友私信我，说很想念我，想知道为什么我不再更新了。这让我很受鼓舞，也给了我继续创作的动力。

　　一件长期没有回报的事情最终能否做成，关键在于我们能否坚持下去并获得正反馈。工作中的正反馈通常是被夸奖，而负反馈则是被批评或打击。因此，领导应该善于表扬员工，多给予他们鼓励。年轻人非常需要鼓励，如果他们犯了错误，确实需要进行批评，则应该采用循循善诱的方式。

对于创业来说，正反馈是获得收入。即使没有盈利，只要能产生销售额，就能给人带来动力。我每次创业初期都是如此，一开始会经历亏损，但一直能接到零零散散的小订单，这些机会就像微弱的星光一样，让我看到了希望并坚持下去。

对于自媒体人来说，正反馈是获得流量和互动。这种互动让人欲罢不能。每当我懒得更新内容时，如果突然有读者和我互动，我就无法停笔，越写越有劲。恋爱的正反馈是喜欢的人也喜欢你，这种感觉太美好了。

很多年轻的朋友觉得自己精力不充沛，但实际上，大家缺少的并不是精力，而是正反馈。正反馈不需要很多，只要每天给你几十元销售额，或者让你的短视频新增几百个点击量，你就会立刻活跃起来。对于新人来说，想要快速获得正反馈，首先要学习和模仿优秀的同行，先获得初始的正反馈，后面再慢慢形成自己的特色，方能细水长流。

我们常说年轻人"佛系""躺平"，其实他们并不是懒，而是缺少正反馈。其实，社会要想充满活力，就需要给予年轻人更多的正反馈。这也是各大互联网平台存在的最大意义。

要教孩子的几件事

首先，从小要培养自信，自信的人机会多，而且自信的人特别有魅力。我读书时不自信，因此错过许多机会。后来做销售时，我才逐渐自信起来。

其次，不要轻易欠人情，能自己解决的问题就尽量自己解决。如果实在不行，再去找别人帮忙。不要因为一点小事情就去找别人帮忙，因为欠了人情是要还的。

再次，要待人大方，但是，不要无原则地大方，以免招惹到骗子和小人。教育孩子大方，不是让他们花钱大手大脚，而是要培养他们的气度。即使没有钱，也要做到做事大气、落落大方、不卑不亢。这是孩子成长中非常重要的素质，而且要从小培养。

最后，内心不要太脆弱，别人的话不要放在心上，只要做好自己就行了。

心向阳光

近期，我发现许多网友陷入迷茫、困惑，甚至绝望之中。他们之中许多人面临事业困境，或对人生方向感到迷茫，负面情绪因此不断积累。然而，我们每个人都无法百分之百掌控自己的命运，我们能做的只是适应环境，而非等待环境来适应我们。无论是在宏观还是微观层面，只有把握事物本质，才不容易陷入迷茫。我的看法会存在局限性，仅供参考。我认为对于年轻人而言，一夜暴富并非好事，反而可能让人难以承受。

　　钱这东西，要慢慢赚，来之不易的财富才会被珍惜。抱怨不能解决问题，只有思考和执行才能真正解决问题。明白这些道理，做一个快乐的普通人，生活也不会差。这个时代对有才华的人很友好，无论你的才华有多么独特，是穿衣打扮还是钓鱼种花，都有平台能帮你将其放大。

19

为人处世

第 19 章

先做人，再做事，
掌握成事的心法。

如何做成事

创业的道路往往充满了艰辛和挑战，导致许多人早早地选择放弃。以我个人的经历为例，我认为有两个要素是创业者绝对不可或缺的。

首先是前面提到的，得到持续的正反馈。这种正反馈指的是我们的付出能够不断地得到回应，无论回报大小，它都能激发我们继续前进。他人的鼓励、经济收益等都可以作为回报。这些正反馈让我们更加热爱我们所从事的事业。

其次，我们需要分解目标。一口吃不成胖子，这句话在这里非常适用。面对大的目标，我们需要将其分解成更小、更具体的阶段性目标。以销售为例，如果你想实现 500 万元的销售额，可以将其分成五个阶段，每个阶段的目标设定为 100 万元。这样，每个阶段的挑战性都会大大降低，更容易实现。

贵人相助

个人的事业发展除了自身的努力和方法之外，还有一个至关重要的影响因素，那就是有一位经验丰富、技艺高超的导师的指导。在我做外贸业务员的时期，我的师傅无私地引领我，让我逐渐领悟到业务的精髓，最终使我的业务得以发展壮大。他甚至还投资了我的工厂，最后还将公司转让给了我。

在我初涉电商领域的时候，竞争尤为激烈。然而，命运的机缘使我在 2012 年夏天参加了天猫鞋业峰会，在那次峰会上我结识了两位卓越的导师。他们将传统的商业思维与电商模式相结合，再次激发了我对电商领域的深刻领悟。

这些经历都属于"高人指点"的范畴，但"高人"为何愿意指点你呢？原因不外乎以下几点：要么你们之间有亲属关系，要么你能为他们带来利益而不会辜负他们的信任，要么你愿意为他们付费并虚心请教。向上社交是个技术活，不要被影视剧或文学作品误导，以为向上社交就是投机取巧。前辈愿意提携你的前提是你诚实可靠，让人有安全感。如果你为人靠谱，情商不低，专业技术过硬，不需要你找他，他也会来找你。这世间最难得的，是聪明的老实人。

成长方法论

创业有时候需要与他人激烈地竞争，有时候则需要依靠方法和策略。以我自己为例，在从事外贸工作时，我选择了一条与众不同的道路。由于与国外的客户有时差，我每天工作 14 小时，白天在工厂，晚上与客户打交道。而同行的业务员一天只工作四五个小时，外国客户很难在工作时间找到他们。我还选择了周末无休的模式，这意味着在同样的 7 天内，他们可能只工作 20 多小时，而我却工作了近 100 小时。于是我一年之内做出了别人 5 年的工作成果。

当然，钱对我来说是次要的，最重要的是我在这个过程中积累的各种能力。作为一名外贸业务员，我的专业知识、对产品的了解、英语能力、B2B 运营技巧、摄影技巧以及 PS 处理能力在行业内都名列前茅。在过去，人们会夸赞我"哇，你好棒"，听到这样的评价我会感到非常开心。然而，如果同样的事放到现在，人们可能会在背后议论我"他好卷"，这让我感到不开心。

不过，我也为这种"卷"付出了沉重的代价。年轻时因为过度拼命工作，我的免疫系统出现了问题，甚至两次住院治疗。这也让我深刻地认识到事业发展的道路上要关注健康。

说到策略，在互联网平台上，流量的分配通常基于数据和算法。这就给那些善于运用套路的人提供了空间。以我们的新账号"宅食记"为例，一个视频的播放量达到了 2000 万，吸引了 2 万个粉丝，而其他的新账号即使努力拍摄，往往也只有不超过 2000 的播放量，粉丝数也只是个位数。花费同样的时间，用好策略，一个作品的效果可能抵得上别人的一万条作品。再仔细观察那些热门的作品，你会发现大部分都是有套路的。

因此，无论大家做什么，最好分两个阶段进行。第一阶段是打好基本功，第二阶段则是运用巧劲，尤其是在互联网平台上。

与人为善，长期主义

在商场上和职场上，竞争是常态。如果你始终保持低调，并释放出善意，有助于避开不必要的麻烦和冲突。遇到小冲突或小矛盾时，如果总是与人恶语相向，很可能会结下矛盾，给自己带来无尽的麻烦。

无论是合作还是寻求帮助，即使事情没有成功，也要向对方表达一下感谢之情。员工离职之后，老板和员工之间也应该相互示好，这样大家都能够愉快地告别。日后如果再次相遇，说不定还有机会再度合作。

　　最近我观察到，在浙江的一些大尾货商之间，师徒关系十分普遍。他们经常互相拜访，师傅培养徒弟，而徒弟在单干之后也总是记挂着师傅。这种合作共赢的关系是非常好的。

说话的艺术

　　说话的艺术，不在于溜须拍马，而是如何把话说得让人舒服，这样别人才能听得进去。特别是在批评别人时，难听的话一出口，对方很容易就会生气。如果你能委婉一点，先夸赞一下再指出不足，对方通常会更愿意接受。

　　遗憾的是，大部分人都喜欢打击别人。还有一些人，在夸赞自己的同时，总是不忘贬低别人，以此来突显自己的优秀。

　　在现实生活中，好好说话至关重要。很多人认为自己没有成功是因为不会"拍马屁"，这其实并不一定，很多时候，其实是因为他们说话难听而不自知。在大多数场合，只要我们说话得体、不卑不亢，就会受到他人的尊重。

　　再分享一个经验：不要试图去说服别人。因为人的本性是不喜欢听道理。你可以尝试讲个故事，因为人们都喜欢听故事，把道理融入故事中，他们就会更容易接受。

给迷茫的创业者的建议

我曾经也是一个迷茫的创业新人，对于新人的迷茫，我深有体会。下面是我给不知道如何开始创业、感到迷茫的年轻人的一些建议。

创业的第一条路是走产品路线。通过深入了解产品，打开供应链的大门，例如在贸易或电商公司从事销售、采购、开发等工作。如果你不怕辛苦，也可以深入工厂。但请注意，这里所说的产品主要是消费品，如衣帽鞋袜、日用百货、食品生鲜等。在未来，产品将是商业的核心。至于工业品，由于我不熟悉，因此不便发表意见。

创业的第二条路是流量路线。例如，在新媒体行业从事编辑、创作等工作。学会创作优秀的内容，就掌握了这一时代的"流量密码"。实际上，电商运营是介于产品与流量之间的一个岗位。它不仅涉及营销，还涉及电商获取流量的四大路径：搜索、推荐、广告和站外推广。此外，电商运营还有机会大量接触产品。然而我发现，大多数电商运营人员没有深入研究产品的心思，这其实很可惜。

在未来的商业市场，最重要的就是产品和内容。传统渠道的重要性将会逐渐减弱。如果你在产品和内容方面有任何一个专长，就能有很多机会。如果在这两方面都很擅长，那么实现财富自由的可能性将大大增加。

20

时间管理

学会时间管理，

让你在有限的人生，

成最大的事。

第 20 章

如何提高工作效率

有位网友来我的公司参观，转了一圈后夸赞我非常厉害，一天能做那么多事情，既要管理外贸，又要做电商，还要拍摄视频、写微博，每天收到很多样品要试用，同时还要回答许多网友的问题，另外还经营一个工厂。他好奇我怎么能忙得过来。我特地算了一下，实际上我现在花在工作上的时间并不算多，每天满打满算也就 8 小时。只是工作碎片化，看上去很多。能同时做好这么多事的关键是我的效率很高。

因为经常有人问我这个问题，甚至质疑我背后有一个创作团队，所以我想就提高工作效率这件事详细谈一谈。

第一，要善于分工。我只做核心的事务，将杂事外包，将自己的时间估个值，比如一小时一千元，将那些"不值这个价"的工作外包，让别人来做。像自媒体写作这种无法外包的活，我只能自己做。

第二，要认真做计划。每天要做什么，每周要做什么，每个月要完成什么，我都列成表格打印出来，完成一件就在一件上打钩。这个方法朴素而有效，是我在最早的外贸工作中养成的好习惯。好记性不如烂笔头，我强烈建议大家试试这个方法。

第三，要分清主次。重要的事情先做，不重要的事情可以放到后面。虽然很多人明白这个道理，但实际操作中仍然主次不分。我们要合理分配自己的时间，比如网友的问题我就统一在晚上孩子睡了之后回复，这个时候我的头脑最清醒，思路最清晰。

第四，要熟练。无论是自己还是员工，做事情必须熟练。比如我在上洗手间的时候就能写 3 条微博，这就是熟能生巧的效果。因为写过一万多条微博，积累了很多技巧，如果放开写，我一天就可以写一百条。

第五，要减少社交活动，特别是无效社交。以前做线下生意时，我大部分时间都在社交活动中度过，但其实很多都是无效的。生意成功的关键在于产品和服务的质量。现在做互联网生意后，我发现线上沟通的效率最高。

如何进行时间管理

我以前的生活很艰苦，至少比大多数网友都要苦。我从事外贸工作，操作了上千个订单，经常熬夜和透支精力，甚至两次住进医院。开工厂的日子更是苦不堪言，经历了许多困难和挫折。工厂的持续亏损让我看不到任何希望，直到后来接到一个大订单，而恰逢原材料价格暴跌，我才赚到了第一桶金。

在外贸业务稳定之后，我开始涉足电商领域。最初，商品照片是我自己拍摄的，主图和详情页也是我自己制作的。在忙碌的时候，客服和发货工作也是我亲力亲为。因为我觉得请来的人没有我那么用心。然而，当我请了代运营后，我发现请来的那个团队是骗子，只好靠自己运营。

后来我才明白，作为老板不能事必躬亲。即使请来的人只能做到60分，而你能做到90分，但还是请人更划算。你只需要专注于最核心的部分，因此我后来开始做运营，其他工作都请其他人来做。最终，我们的电商业务做到了天猫多个类目第一的位置。再后来，我进一步开窍，连运营也请人来做，自己只专注于产品开发。在外贸领域，我专门设计了一套外贸提成制度，帮助许多人致富。

工厂方面，我请人管理。虽然我成了"甩手掌柜"，但工厂对我而言，其战略意义远大于盈利意义。我采用的是"小工厂、大贸易"的模式。有了工厂的支持，接单变得容易，即使有些亏损也不是大问题。

后来我开始涉足自媒体领域，结识了无数网友，并建立了自己的生意圈子。正如俗话所说，隔行如隔山。我与上千位老板交流过，发现每位老板的生意模式都有所不同，这让我大开眼界。以前像迷雾一样的商业世界，现在在我眼前变得清晰透明，我更深入地理解了许多事物的本质。

通过这些交流和经验，我领悟到了做生意的底层逻辑，这使得我在处理各种事务时能迅速找到正确的方法，避免走弯路。但对我帮助最大的并非那些成功的老板或名人的传记、管理学、企业家智慧等。相反，是广大网友们的经验分享和互动给了我很大的启发。每个人都有不同的经历和视角，学会共情、理解和尊重他人，你会发现人群中充满了智慧。同时，我也认识到，苦难也是一种财富，它教会我们该如何面对困境并从中汲取力量。懂得这些道理后，我发现自己在自媒体领域的发展也变得更加轻松顺利。

"四象限法则"工作法

关于一个人如何胜过一个团队，下面是我个人的一些经验之谈。我的工作内容比较多样化，主要遵循"四象限法则"，即把事情分为重要且紧急、重要但不紧急、不重要且不紧急、不重要但紧急四类，其核心原则是不要把时间浪费在无意义的琐事上。

接下来分享一些我的工作心得。

1.提高打字速度。这是可以经过练习来提升的技能。我在社交软件上有许多好友，每天都会收到大量的信息。我通常使用电脑回复，因为我的打字速度很快。在外出的时候，我会使用语音回复，但我尽量以文字形式和人交流，这样能提高沟通效率，节省彼此的时间。

2.养成随时收集和整理信息的习惯以便随时调用。写微博时，我会抓住工作中的间隙时间进行创作。如果突然有灵感或想法，但暂时没时间写下来，我会先在手机的记事本上简单记录一下要点，避免忘记。等有时间时再进一步完善。

3.学会高效使用搜索引擎。百度、小红书、知乎、微博、抖音、哔哩哔哩等平台都是很好的搜索引擎。比如，"百度经验"中就包含了大量工作生活中实用的经验与技巧，内容质量也相对较高。如果有人在我的微博上提问，很多问题我都已经回答过了。大家只需要在微博上搜索关键词，就能找到答案。对于外贸和电商领域的新手来说，我的微博可以作为一个实用的工具库来参考。至于抖音，它更适合搜索一些用文字难以准确回答和描述的内容，比如"如何开生蚝"。哔哩哔哩上则有许多免费的教程，适合自学各种技能。

4.善于利用淘宝。在淘宝上，你可以找到各种服务，如小语种翻译、外包服务、营业执照办理等，甚至是一些你想不到的服务和产品。对于年轻人来说，这无疑是一个非常实用的资源平台。

5.善于使用专业网站。对于设计、图片、视频等类型的素材，一般都需要付费获取。视觉中国、昵图网等素材网站上的素材虽然需要付费，但质量相比无版权的网络图片要高得多。因此，如果你需要高质量的素材，这些专业网站是值得考虑的选项。

6.掌握基本的拍摄和视频剪辑技巧是现代职场中必备的技能。很多人在工作中经常需要使用图片和视频来展示内容，而毫无章法的拍摄是不够的。建议学习一些构图、色彩和光线的基础知识，这样能够使拍摄出来的内容更加专业和到位。另外，对于我们做外贸的人来说，仅用文字来描述产品可能很烦琐，但通过拍摄视频和简单剪辑就能够更加直观和高效地传达信息。

如何"一心多用"

我想对大家说，实际上一个人不可能同时做这么多事情。虽然我看起来完成了许多事，但我都是分阶段来做的。

在起步阶段，创业者必须亲自上阵。小公司很难招到优秀

的人才，因此，在项目的初期，老板必须亲自参与并且全力投
入。以我运营阿里国际站店铺为例，我先自己摸索，深入了解
其底层逻辑。当我有了成功的经验后，再开始招聘业务员，并
将自己的成功经验教给他们。我开淘宝店也是用同样的方式，
先靠自己把产品做到类目前几名，然后不断招聘运营人员，让
他们复制我的经验来运营新店铺。这种方式有两个好处：一是
不会被那些水平较低的运营人员误导；二是当平台处于红利期
时，开设的店铺越多，平均成本就越低。

此外，要给予员工丰厚的报酬。我们公司的外贸业务员有
高达商品毛利的 30% 的提成，电商运营人员则按照销售额的
3% 来提成，这都远超行业平均水平。通过这种方式，我实际上
是将他们变成了"小老板"。这意味着我不需要给他们过多的激
励，他们为了自己的收益自然会努力工作。

21

如何学习

文凭不能代表能力，
知识不能代替思考。

如何正确地学习，
才能持续成长？

第 21 章

学会深度思考

　　现在这个时代最缺乏的就是具有独立思考和判断能力的人。网络上人云亦云的情况太多了，一些文章说得头头是道，很容易让人先入为主，陷入自己的认知茧房。我自认为没有资格评论自己专业之外的事情，所以不会轻易发表意见。但是，我知道两点很重要：一是不能偏听偏信；二是要用发展的眼光看待问题。自 2018 年开始，我就看好新能源汽车，虽然每年都有无数人反对新能源汽车的普及，但这是大势所趋，是历史的进程。在家庭用车领域，新能源汽车最终会淘汰大部分燃油车，这是不可避免的。只有经历了许多事情、积累了足够的阅历，人们才会有独立思考和判断的能力。别人的话，多数是带有立场的，不能全信也不能不信。

原理比方法重要一百倍

许多人有一个误区，当他们想学习一种技能时，首先想到的是高难度的成果。例如，当学习外语时，他们脑海中浮现的是说着地道、流利的外语且滔滔不绝的场景；当提到做菜的视频，有人可能会想到烹饪高手，但实际上，复杂、专业的烹饪方法很难吸引粉丝，因为即使教了也很难学会。一些教给大家简单、家常、容易上手的菜，不炫耀技巧，主播废话少的视频，才更受欢迎。

成功学与干货的区别在于，成功学鼓吹所有人都可以成功，宣扬无论是什么人，都要相信自己能成功。这是典型的欺骗。而干货则是为从事相应工作的人，提供正确的方法，告诉他们如何少走弯路、如何更快地取得成果。毕竟，这世上极少有人能够无师自通。

这就像解题一样，仅仅学会步骤是不够的，要自己有思路，理解其中的原理。对于电商而言，即使学会了方法，你能确定这些方法适合你的业务类别吗？即使适合，一旦平台的系统发生变化，这些方法就可能失效。但如果你掌握了电商的基本原理，你就能自己想出方法，并且能够举一反三。

我收到过很多国际贸易专业大学生的来信，他们很担心自己的未来，他们想做外贸，却感觉自己什么都不会。国际贸易实务这本书那么厚，他们觉得像天书一样难以理解。

在我开始做外贸之前，我也有过这样的想法。但是，在我跟单一个月后，我马上了解了外贸大致的业务流程。当我开始做业务并亲手操作几个订单后，就能够带领新人了。这时我才发现，外贸和我想象中的不太一样。最难的部分并不是与外国客户打交道，而是与工厂的协调。

对很多事情来说，想象中的样子和实际操作之后得出的结论是完全不同的。因此，对于想要进入电商或外贸领域的人，我建议你们不要盲目地跟随所谓的"方法"，而是要真正地了解其背后的原理和逻辑。这样，即使环境发生变化，你们也能够灵活应对并找到适合自己的方法。

读书还是创业

有位网友曾对我说："我注意到一些'90后'的直播主播经常谈论自己父母离异、初中毕业后便踏入社会，然后通过直播实现了事业的成功。这让我感到有些困惑。我还应该努力学习吗？"对于这种情况，我有以下几点看法。

首先，这些主播的成功得益于某种"红利期"。与电商早期的情况类似，低学历的人在新的技术革命中抢占了先机，获得了经济上的收益。而直播行业的发展也为那些学历不高的人提供了机会。但值得注意的是，尽管一些低学历的主播获得了一定的成功，但在众多拥有相似背景和条件的主播中，能被大众所熟知的仍然是少数。

我了解到的某些成功的头部主播，他们也曾经历过艰苦的生活，如搬砖、跑运输等。这些经历使他们能够深入了解普通人的需求和痛点，从而更好地与观众互动。同时，他们还具备表演天赋，能够吸引观众的注意力。然而，随着行业的成熟，仅仅依靠天赋和努力可能不够，直播行业对主播的文化素质和言行要求也越来越高。

虽然现在大学生数量越来越多，新闻中也不乏高学历者从事外卖等工作的报道，但我认为学历仍然是重要的。十年前，在我所在的行业中，大专生已经算高学历了。许多"80后"小老板创业初期之所以能够顺利，是因为他们的竞争对手普遍学历较低。

但现在情况不同了，随着时间的推移，新一代的创业者们普遍拥有高学历，很多人甚至是研究生。他们都具备高学历和丰富的经验，见过世面，这使得创业者之间的竞争越来越激烈。

因此，如果有条件，还是应该尽可能地去读大学。在学校里，智商或许是最重要的，但出了校门后，情商同样不可忽视。

无论是智商还是情商，都有助于你在未来的竞争中保持优势。

学历不等于文凭

其实我认为，学历这个词代表的应该是学习的经历和一个人在学校中习得的学习能力。所以即便没有从学校获得文凭，如果一个人具备深厚、系统的专业知识或专长，我们也可以认为他有"学历"。

对于年轻人来说，很多工作都需要文凭作为求职的敲门砖。但我认为学历的真正意义并不是为了与他人竞争一份工作，更多的是完善和丰富自己，以及与更高层次的老师、同学和校友建立联系。

人的一生会遇到许多机会和陷阱。以做生意为例，以前高学历的创业者或许不具备太多优势，但现在情况已经发生了变化。随着市场变化越来越大，高学历的人往往能够凭借更全面的知识系统，在面对商机时进行独立的分析和判断，甚至能够举一反三。而一些较低学历的创业者往往只能看到表面现象。大部分人做生意靠模仿，但一些低学历的创业者往往是盲目地模仿，通过价格战来竞争。

读书和实战哪个更重要？其实实战更加重要。然而，仅仅依赖实战而不读书很容易像没头的苍蝇般乱撞，可能会稀里糊涂地失败。

单纯地先看书再实践，可能会觉得看书没有多大作用。但如果你先进行实践，然后再有针对性地阅读相关书籍，或者在实践中一边读书一边学习，效果可能最佳。这样的学习方式让人能够更深刻地理解知识，无须死记硬背便能轻松掌握要点。

这就好比学习英语的过程。仅靠死记硬背，可能花费十年都不如在国外实际生活几个月来得有效。通过走进实际的语言环境，人们能够更快地掌握并运用语言。

虽然读书和实战各有其重要性，但结合两者，尤其是先实践后读书的方式，可能会带来最佳的学习效果。

谋定而后动

对于新事物和新机会，不要盲目地冲进去尝试。真正能够成功的人，都是那些看透事物本质的人。人生需要谋定而后动，不同阶段有不同的盈利方式和风险控制。

第一阶段是从学校毕业后的 23 ～ 30 岁，是靠精力和体力盈利的时期。此时赚取的是技能和经验，为未来的发展打下基础。

第二阶段是 30 ~ 45 岁，你已经有了一定的资历和经验。这个阶段主要靠经验和技能来盈利，同时需要开始积累资源，如渠道、朋友和信息。此时，你需要开始进行一些资产配置，包括存款、稳健的投资、不动产等。

第三阶段是 45 岁以后，你的精力不再旺盛，应该靠积累的资源和被动收入（如利息和收租）来盈利。这个阶段应该以保守投资为主，谨慎投资，避免因为过于激进而损失积蓄。

在人生的不同阶段有不同的盈利方式和风险控制方式，要根据自己的实际情况进行合理规划。

如何让自己更具备职场竞争力

这个道理和商人要有用户思维一样，优秀的职场人也需要具备老板（上司）思维。从老板的角度出发去完成任务，明白老板喜欢给什么样的人机会。通常来说，老板更倾向于给那些业务专业、执行力强、积极主动、好学、肯钻研的人机会。当然，能说会道也是一个亮点，但只有口才而没有实际能力的人是不行的。简而言之，要站在老板的角度思考问题，急老板之所急。

此外，你还需要有心理准备，因为如果你表现得太出色，成为老板的得力助手，可能会受到同事的排挤。因此，你需要把握好分寸。

如果能同时处理好与老板、与同事的关系，那么你就是一个真正的人才。如果不能，你需要想清楚，到底是谁决定了你的升职加薪。